Thomas Schirrmacher

Die neue Unterschicht

Armut in Deutschland?

Hänssler – KURZ UND BÜNDIG
Bestell-Nr. 394.674
ISBN 978-3-7751-4674-6

© Copyright 2007 by Hänssler Verlag, D-71087 Holzgerlingen
Internet: www.haenssler.de
E-Mail: info@haenssler.de
Umschlaggestaltung: Jens Vogelsang, Aachen
Titelbild: FOTOSEARCH
Satz: OADF, Holzgerlingen
Druck und Bindung: Ebner & Spiegel, Ulm
Printed in Germany

hänssler

Inhalt

Kurz und bündig

Geht es Ihnen nicht auch so? Über manch einen Themenbereich würde man gerne als Normalbürger Bescheid wissen (oder muss es vielleicht sogar). Doch was die Fachleute schreiben, ist im Normalfall zu kompliziert und zu umfangreich. Wer hat schon Zeit, sich in jedes Thema wochenlang einzuarbeiten!?

Hier wollen wir Hilfestellung leisten. In *Hänssler kurz und bündig* geben Fachleute, die sich mit einem Thema schon seit Jahren intensiv beschäftigen, kurz und verständlich einen Überblick über das, was man wissen muss, wenn man Bescheid wissen will und mitreden können möchte.

Dabei enthält jeder Band der Reihe *Hänssler kurz und bündig* die folgenden Elemente:

- Fakten und Basisinformationen
- die Diskussion kontroverser Fragen
- praktische Hilfen und Hinweise zum Weiterarbeiten

All das ist so angelegt, dass der Leser sich in zwei bis drei Stunden (also etwa statt des Abendkrimis oder auf einer Zugfahrt) ein Thema in seinen Grundlagen aneignen kann. Die Anwendung im Leben oder das anschließende Gespräch mit anderen wird dann aber sicher etwas länger dauern ...

Ich würde mir wünschen, dass dieser kleine Band Ihren Horizont erweitern kann und die Informationen liefert, die Sie suchen.

Thomas Schirrmacher

I. Armut und Unterschicht im Spiegel der Zahlen

1. Einführung

Ein emotional besetztes Thema

In **Deutschland** sind nach offizieller Statistik und Definition 13 % der Bevölkerung, also elf Millionen Menschen, „arm" oder „von Armut bedroht", sieben Millionen davon leben auf Sozialhilfeniveau. Über vier Millionen Deutsche sind arbeitslos und drei Millionen Haushalte überschuldet. Versagt Deutschland, das „Vaterland der Sozialpolitik"[1]? In **Österreich**, einem weiteren Pionierland der sozialstaatlichen Sicherung, sollen ebenfalls 13 %, das heißt über eine Million Menschen „arm" oder „von Armut bedroht" sein. Und selbst in der **Schweiz**, wo solche Zahlen nicht erfasst werden, schätzt man, dass es eine Million Arme gibt.

In den westlichen Ländern hat vor allem der Wandel von der Industrie- zur Dienstleistungsgesellschaft eine tief greifende Veränderung des Arbeitsmarktes herbeigeführt, der neben nie gekanntem Wohlstand auch ein Anwachsen der „relativen Armut" hervorgerufen hat. Von dieser relativen Armut betroffen sind dabei vor allem die „Modernisierungsverlierer": Menschen mit niedrigem Bildungsstand und fehlender beruflicher Qualifikation, Langzeitarbeitslose, Alleinerziehende und ihre Kinder sowie Zuwanderer (vor allem Türkischstämmige und Russlanddeutsche), wobei sich diese Gruppen natürlich zum Teil überschneiden. Während viele ältere Menschen in Deutschland noch den vor Jahrzehnten erwirtschafteten Wohlstand genießen, machen sich jüngere Menschen und Menschen der mittleren Generation große Sorgen, wie ihre Versorgung im Fall von Krankheit, Unfall oder Alter einmal aussehen wird.

Doch wer die Frage beantworten will, ob es Armut in Deutschland gibt und wer die „neue Unterschicht" ist und ob dieser Begriff überhaupt sinnvoll ist, stößt auf eine enorm emotional und populistisch geführte Diskussion, die zudem stark parteipolitisch und ideologisch geprägt ist. Selbst viele Wissenschaftler sind unschwer bestimmten politischen Richtungen zuzuordnen, so dass man erst aufgrund des Studiums umfangreicher Literatur herausfiltern kann, was allgemeine und konsensfähige Grundlage ist oder was eigentlich nur tendenzbestimmte Argumente für ein bestimmtes angestrebtes Gesellschaftsmodell sind. Wer zu Fragen wie der Bekämpfung der Arbeitslosigkeit und der Bildungsmisere, der Zukunft der Sozialversicherungen, der Lage von Einwandererfamilien oder der Obdachlosen etwas Fundiertes sagen will, droht im Alltag der Schlagworte, Vorurteile und auch der Versprechungen unterzugehen. Und Sozialpolitik hat so viele Facetten, dass es selbst umfangreichen Lehrbüchern unmöglich ist, sie alle auch nur zu erwähnen.

Wenn ich im Folgenden trotzdem versuche, *kurz und bündig* einiges von dem darzustellen, was es derzeit an definitiven Erkenntnissen gibt und welche Fakten und Debatten man kennen sollte, wenn man mitdiskutieren möchte, versuche ich mich von partei- und tagespolitischen Schnellschüssen und Streitigkeiten fernzuhalten. Auf der anderen Seite möchte ich die Probleme auch nicht wirklichkeitsfremd referieren, sondern mich der oft traurigen, alltäglichen Realität stellen.

Aus der Sicht von Staat und Kirche

Noch einen anderen Spagat habe ich zu leisten, nämlich den zwischen Kirche und Staat. Die Sozialpolitik ist einerseits Teil der Politik und muss in einem demokratischen

Staat auf dem Konsens von Bürgern und Politikern beruhen, die verschiedene weltanschauliche Prägungen haben. Christen unterstellen sich nach Jesus (Matthäus 22,21; Markus 12,17; Lukas 20,25), Paulus (Römer 13,17) und Petrus (1. Petrus 2,12-15) bewusst einem nichtchristlichen Staat, dessen Aufgabe die Aufrichtung der Gerechtigkeit ist, nicht aber, die frohe Botschaft des Christentums zu verkündigen.

Andererseits betreffen aber fast alle sozialpolitischen Fragen auch Themen, die für die christlichen Kirchen unmittelbar die Frage betreffen, was der Mensch eigentlich ist und was ethisch zu erstreben und zu verwerfen ist. Die Umsetzung der zentralsten christlichen Werte wie Liebe und Gerechtigkeit gehören mitten in diesen Kontext. Die Kirche will den Staat nicht regieren, kann aber nicht schweigen, wenn es um die Frage geht, was denn die „Gerechtigkeit" eigentlich ist, für die der Staat eintreten soll.

Ich habe deswegen dieses Buch so geschrieben, dass der Leser erkennen kann, wann ich Sachinformationen und gesellschaftliche Kontroversen darstelle und wann ich kirchliche Stimmen vorstelle oder als christlicher Ethiker spreche. Die beiden großen Kirchen Deutschlands haben in ihrem gemeinsamen Wort zur wirtschaftlichen und sozialen Lage 1997 meines Erachtens sehr treffend formuliert, was die Aufgabe der Kirche ist und was nicht:

Kirchliche Stimmen (Rat der EKD)
Die Rolle der Kirchen in der Wirtschaftspolitik

„Die Kirchen sind nicht politische Partei. Sie streben keine politische Macht an, um ein bestimmtes Programm zu verwirklichen. Ihren Auftrag und ihre Kompetenz sehen sie auf dem Gebiet der Wirtschafts- und Sozialpolitik vor allem darin, für eine Wertorientierung einzutreten, die dem Wohlergehen aller dient. Sie betrachten es als ihre besondere Verpflichtung, dem Anliegen jener Gehör zu verschaffen, die im wirtschaftlichen und politischen Kalkül leicht vergessen werden, weil sie sich selbst nicht wirksam artikulieren können: der Armen, Benachteiligten und Machtlosen, auch der kommenden Generationen und der stummen Kreatur. Sie wollen auf diese Weise die Voraussetzungen für eine Politik schaffen, die sich an den Maßstäben der Solidarität und Gerechtigkeit orientiert."[2]

Ob mir all das wirklich gelungen ist, kann am Ende nur der Leser entscheiden. Ich hoffe aber, diesem genügend Informationen an die Hand zu geben, damit er sich in eine Debatte aktiv einmischen kann, die nicht nur für die Zukunft unserer Gesellschaft von zentraler Bedeutung ist, sondern auch für viele einzelne konkrete Menschen und Familien in Deutschland, Österreich und der Schweiz.

2. Die neue Unterschicht

Passivität ohne Bildung und Aufstiegswille

Wer nun eigentlich den Begriff „Neue Unterschicht" geprägt hat, ist umstritten. Jedenfalls war er plötzlich da. Genannt wird hier oft der Historiker Paul Nolte, der zwar tatsächlich die These aufgestellt hat, dass sich die heutige Unterschicht radikal kulturell von der früherer Jahrhunderte unterscheide, dafür aber nicht das Schlagwort „Neue Unterschicht"' verwendete. Harald Schmidt lästerte über das „Unterschichtfernsehen" und machte dadurch den Begriff „Unterschicht" bekannt und trug so wie andere ungewollt dazu bei, eine neue soziologische Theorie zu begründen: „Die fortschreitende Deindustrialisierung hat im Westen eine neue Unterschicht der Unproduktiven und geistig Verwahrlosten geschaffen."[3]

Beginnen wir aber ruhig bei Nolte. Er geht in seinem Buch „Generation Reform" von 2004 von einer „kulturalistischen Klassentheorie" aus, meint also, dass die Schichtung der Gesellschaft vor allem kulturelle und nicht vor allem wirtschaftliche Gründe habe. „So zeichnet sich nach ihm die neue Unterschicht etwa dadurch aus, dass ihre Angehörigen Konsumenten von Privatfernsehen sind, Opfer von Fehlernährung und bildungsfremd. Mit Besitz hat das wenig oder nicht vorrangig zu tun. Auch die Feststellung, mehr Geld führe nicht automatisch zu mehr Bildungskonsum, ist plausibel. Benachteiligung äußert sich weniger als Mangel an Geldressourcen, eher als Mangel an kulturellen Ressourcen, als Sozialisation in spezifische Lebensweisen, Verhaltensformen und Konsummuster hinein."[4] „Seit Jahrzehnten versucht die deutsche Gesellschaft, die Armut mit Geld zu besiegen. Das hat nicht funktioniert. Paul Nolte (...) nennt dies ‚fürsorgliche Vernachlässigung'. Staat, Gesellschaft und auch die Sozialwissenschaften haben versucht, sich von der Verantwortung für die Unterschicht freizukaufen. Die wurde mit Geld ruhig gestellt. Opium fürs gemeine Volk", so der Politikwissenschaftler Walter Wüllenweber.[5] Den Mangel an kulturellen Ressourcen, „nennen wir es Klassenfalle, zu sprengen, ist offenkundig schwer. Kulturen der Marginalität haben sich herausgebildet, verfestigt. Kein materieller Anreiz führt aus ihnen heraus, auch kein Werte-Impetus. Denn: Die Welt der bürgerlichen Werte existiert nicht mehr. Der Historiker Nolte blendet an dieser Stelle zurück in die Geschichte der Arbeiterbewegung und der ‚alten' Klassengesellschaft. Für die

Industriearbeiterschaft des 19. Jahrhunderts gab es ein Leitbild, die Kulturwelt des Bürgertums. Arbeiterbildungsvereine vermittelten dieses Leitbild und versuchten mit Erfolg, die Arbeiterschaft an diese Welt heranzuführen. Dieser, wie Nolte schreibt, ‚produktive Nachahmungs- und Integrationsprozess‘ fällt heute als Treibriemen aus. Die Ursachen sieht Nolte gesamtdeutsch akkumuliert; einerseits in der gewollten Entbürgerlichung in der DDR, andererseits im Wirken der westdeutschen Bürgerkinder, die 1968 gegen die Bürgerlichkeit auf die Barrikaden gingen. Die Diskreditierung bürgerlicher Werte und Kulturformen durch die 68er trägt in einem eher vermittelten, komplizierten Sinne eine Mitschuld am Verlust eines bürgerlichen – oder allgemeiner gesagt: eines nach oben, am Aufstieg orientierten Leitbildes in den Unterschichten."[6]

Paul Nolte hat seine These vor allem an der Frage der Kinder und der großen Kinderzahl der Unterschichtfamilien festgemacht: „Deshalb gilt für die neue Kinderarmut weniger die Faustregel: Kinder machen arm, sondern eher umgekehrt: Armut macht Kinder."[7] Für ihn trifft in Deutschland Armut nicht mehr vor allem Menschen im Alter, wie das früher eher der Fall war, sondern trifft eher Kinder und Alleinerziehende.[8] Wüllenweber fasst zusammen: „Trennung und Scheidung sind das größte Armutsrisiko in unserer Gesellschaft. Und Unterschichtsbeziehungen haben eine besonders kurze Haltbarkeit."[9]

Die „Neue Unterschicht" wurde vor allem durch grundlegende Artikel in Zeitungen und Nachrichtenmagazinen eingeführt und vorgestellt. „Die Zeit" berichtete über „Die neue Unterschicht"[10], „Der Stern" schrieb über „Das wahre Elend"[11], „Spiegel-Online" über „Die neuen Proleten" mit einem Auszug des Buches „Weltkrieg um Wohlstand" von Gabor Steigart, um nur einige Beispiele zu nennen.

Ausgangspunkt ist immer wieder die Sicht, dass nicht vor allem der Mangel an Geld, sondern fehlende Bildung und Passivität die Hauptkennzeichen der neuen Unterschicht seien. „Das monatliche Einkommen ist nicht der richtige Maßstab, um die Situation der Menschen zu beurteilen. Unter den rund zehn Millionen Armen, die derzeit in Deutschland gezählt werden, sind auch etwa 800 000 junge Menschen in Ausbildung und Studium. Sie haben wenig Geld. Aber jede Menge Chancen. In einer Langzeitstudie hat das Deutsche Institut für Wirtschaftsforschung (DIW) herausgefunden, dass die wirtschaftliche Kluft zwischen oben und unten in den vergangenen Jahren kaum gewachsen ist. Und der neueste Armutsbericht der Bundesregierung zeigt: Die Reichen werden reicher. Und die Armen? Sie werden auch reicher. Dennoch ist Deutschland ein gespaltenes Land. Aber die Spaltung verläuft nicht entlang der wirtschaftlichen Linien. Es ist eine kulturelle Spaltung."[12]

Passivität als Unterschied
zur Unterschicht im 19. und 20. Jahrhundert

Die Vertreter der These einer neuen Unterschicht berufen sich auf eine Vielzahl von Untersuchungen. Einige Beispiele müssen hier genügen. „Der Freizeitforscher Horst Opaschowski hat herausgefunden: In der Freizeit ist die Unterschicht vor allem passiv. Und wer von Stütze lebt, hat viel freie Zeit. Freunde treffen, im Internet surfen, etwas lernen, lesen? Alles Fehlanzeige. Unterschichtler verbringen ihre Freizeit vor allem mit Glotzen. Sie sind die Zuschauer des Lebens. Und sie glotzen vor allem mehr Nachmittagsgeplapper, mehr Gewalt, mehr Trash. ‚Mediale Verwahrlosung', nennt das Christian Pfeiffer, Direktor des Kriminologischen Forschungsinstituts in Hannover ... ‚Die Unterschicht verliert die Kontrolle, beim Geld, beim Essen, beim Rauchen, in den Partnerschaften, bei der Erziehung, in der gesamten Lebensführung. Nirgendwo wird der Disziplinverlust so deutlich wie beim Sport. Über Generationen war Sport der große Freizeitspaß der Unterschicht. Nach Schulschluss wurde in den Arbeitervierteln gekickt. (...) Für die Unterschicht findet Sport heute im Wesentlichen im Fernsehen statt. ‚Hauptschulabsolventen treiben nur noch zu 21,5 Prozent Sport, Gymnasialabsolventen jedoch zu 52,3 Prozent', sagt Opaschowski."[13]

Solche Untersuchungen gibt es inzwischen viele. „Wir wissen mittlerweile eine ganze Menge über die Unterschichtler von heute, obwohl sie sich kaum zu Wort melden. Sie machen kein großes Aufhebens von sich, kriechen immer tiefer in ihre Wohnsilos hinein, wohin ihnen Dutzende von Soziologen gefolgt sind. Ihre Lebensgewohnheiten wurden erforscht wie die von Feldhasen. Wir verfügen über eine ziemlich scharf gerasterte Typologie (...) Daher wissen wir: Der Prolet von heute besitzt mehr Geld als die Arbeiter vergangener Generationen, und wenn er im Anzapfen des Sozialstaats eine gewisse Fertigkeit entwickelt hat, verfügt er über ein Haushaltseinkommen, das mit dem von Streifenpolizisten, Lagerarbeitern und Taxifahrern allemal mithalten kann. Es ist nicht die materielle Armut, die ihn von anderen unterscheidet. Auffällig hingegen sind die Symptome der geistigen Verwahrlosung. Der neue Prolet schaut den halben Tag fern, weshalb die TV-Macher bereits von ‚Unterschichtenfernsehen' sprechen. Er isst viel und fettig, er raucht und trinkt gern (...) Er ist kinderreich und in seinen familiären Bindungen eher instabil. Er wählt am Wahltag aus Protest die Linken oder die Rechten, zuweilen wechselt er schnell hintereinander."[14]

Diskutiert wird auch die Frage, was sich ändern würde, wenn man den Betroffenen mehr Sozialleistungen zahlen würde. Umfragen und Untersuchungen zeigen, dass der Lebensstil davon unbeeinflusst bliebe und vor allem mehr ungesund gegessen und konsumiert und Elektronikartikel gekauft, nicht aber in die Zukunft der Kinder oder ähnliches investiert würde.[15]

> ## Biblische Stimme: Verachte den Armen nicht
> „Der Arme ist verhasst auch seinem Nächsten; aber die Reichen haben viele Freunde. Wer seinen Nächsten verachtet, versündigt sich; aber wohl dem, der sich der Elenden erbarmt!" (Sprüche 14,20-21)

Ein neues Phänomen?

Die These von der „Neuen Unterschicht" geht vor allem davon aus, dass es sich eben um ein neues Phänomen handelt. „Das neue Proletariat als homogene Klasse ist erst in den vergangenen zehn Jahren entstanden. Überall in jenen Industrienationen, die sich die führenden nennen, bildet es sich heraus. Die moderne Volkswirtschaft hat offenbar nichts zu bieten für Leute, die wenig wissen (...) Das Auftauchen der neuen Unterschicht fällt nicht zufällig zusammen mit dem Abschied der Industriearbeitsplätze."[16]

Da die neue Unterschicht eine Folge der Deindustrialisierung ist, also die Wirtschaft zunehmend vom Dienstleistungssektor bestimmt wird, die alte Unterschicht aber eine Folge der Industrialisierung in Ablösung der Agrarwirtschaft war, unterscheiden sie sich auch tief greifend. „Der neue Arme ist kein Wiedergänger des alten. Vor allem an seinem mangelnden Bildungsinteresse erkennen wir den Unterschied. Er besitzt keine Bildung, aber er strebt ihr auch nicht entgegen. Anders als der Prolet des beginnenden Industriezeitalters, der sich in Arbeitervereinen organisierte, die zugleich oft Arbeiterbildungsvereine waren, scheint es, als habe das neuzeitliche Mitglied der Unterschicht sich selbst abgeschrieben. Selbst für seine Kinder unternimmt er keine allzu großen Anstrengungen, die Tür in Richtung Zukunft aufzustoßen. Ihre Spracherziehung ist so schlecht wie ihre Fähigkeit, sich zu konzentrieren. Der Analphabetismus wächst im gleichen Maß, wie die Chancen auf Integration der Deklassierten schrumpfen."[17] In Deutschland haben im Jahr 2004 nach Schätzungen 0,6 % der Einwohner über 15 Jahre nie Lesen und Schreiben gelernt, zwischen etwa 6,5 % und 11,2 % sind funktionale Analphabeten, können also längere Texte nicht oder nicht schnell genug verstehen, wie es im Alltag unserer Gesellschaft erforderlich ist.

„Der heutige Prolet ist ärmer dran als sein Vorgänger zu Beginn des Industriezeitalters, obwohl es ihm besser geht. Er hungert nicht, er haust im Trockenen, er wird von keiner Seuche dahingerafft, er besitzt sogar deutlich mehr Geld. Er ist in jedem Staat Westeuropas nicht nur Bürger, sondern zugleich Kunde des Wohlfahrtsstaats, auch wenn dessen Leistungen nirgendwo mehr üppig ausfallen. Die Schlafstätte früherer Jahre war oft nur ein Obdachlosenasyl oder ein Männerwohnheim. Die Armenspeisung war kärglich und fand im Freien statt. Kranke waren weder versichert noch konnten sie sich Arzneimittel oder gar ärztliche Honorare leisten. Greise waren auf Gedeih und Verderb der Gnade der Jüngeren oder der kirchlichen Fürsorge ausgeliefert. Und dennoch: Der Prolet von einst besaß vieles, was die Armen von heute nicht mehr haben: ein einheitliches und für alle gültiges Feindbild, ein Klassenbewusstsein, veritable Gegner und oft sogar eine ausgeprägte Kultur. Er sang Lieder, rief seine Parolen, er gründete Vereine, betete seine Theoretiker an, auch wenn er sie nie ganz verstand. (...) Der Arme von gestern war das Subjekt der Geschichte, wie man im Rückblick ohne Übertreibung feststellen darf. Der moderne Arme im vereinten Europa ist bisher nicht viel mehr als das Opfer der Verhältnisse."[18]

Bildung

Alle Verfechter der These von der neuen Unterschicht sind sich einig, dass Passivität und fehlende Lebensperspektive vor allem im fehlenden Bildungswillen zum Ausdruck kommen und hier auch die Gesellschaft versagt hat. „Bislang glaubten Politik, Sozialwissenschaften und Gesellschaft: Die Lebensformen der Unterschicht und ihre Verhaltensweisen seien die Folge ihrer Armut. Genau das Gegenteil ist richtig: Die Armut ist eine Folge ihrer Verhaltensweise, eine Folge der Unterschichtskultur. In Deutschland sind nicht immer die Armen die Dummen, sondern die Dummen sind immer arm. Wer nicht ein Mindestmaß an Selbstdisziplin gelernt hat, wer seinen Körper nicht gesund hält, ist nicht arbeitsfähig. Wer keinen richtigen Beruf gelernt hat, ist ohne Chance. Arbeitsplätze für Hilfsarbeiter verschwinden immer mehr. Mangelhafte berufliche Qualifikation ist mit Abstand das größte Risiko für Langzeitarbeitslosigkeit. Permanentes Lernen ist heute für jeden Beruf überlebenswichtig. (...) Die Unterschicht hat nur zwei Alternativen: Bildung oder Sozialhilfe."[19]

Jeder zehnte Hauptschüler wird in Deutschland ohne Abschluss in die Gesellschaft entlassen, eine sozialpolitische Katastrophe, die die Zunahme der Armut in der Zukunft unaufhaltsam garantiert. Der Berufswunsch von Berliner Hauptschülern – „Hartz IV" – mag Schmunzeln auslösen, beschreibt aber tatsächlich eine Tragödie. Denn die Langzeitarbeitslosigkeit besonders schlecht oder gar nicht beruflich Qualifizierter stellt die große Herausforderung am deutschen Arbeitsmarkt dar. Über eine innovative Bildungspolitik (z. B. kleinere Klassen, Sonderprogramme für Schulverweigerer, Einsatz von Sozialarbeitern in Schulen) sollte die Politik bessere Voraussetzungen dafür schaffen, dass der Zustrom in diese Problemgruppe versiegt.

Das Deutsche Institut für Wirtschaftsforschung (DIW) rechnet langfristig mit einer Zunahme der Armut in Deutschland. Grund dafür sei das schlechte Bildungsniveau vieler junger Menschen und stellt fest: „Es gibt zu viele Kinder ohne ordentlichen Schulabschluss." Die Arbeitslosenquote betrug 2005 im Durchschnitt 12 %, unter Akademikern nur 4 %. Wegen der guten Wirtschaftslage in jüngster Zeit sei die Armutsquote zwar leicht gesunken, auf lange Sicht werde sie aber wieder zunehmen.[20]

Nach Schätzung des „Spiegel" gibt es in Deutschland ca. 250 000 schulpflichtige Schüler, die praktisch ständig die Schule schwänzen. Nach Angaben des Bildungsministeriums und des Statistischen Bundesamtes haben von allen Schulabgängern des Jahres 2000, die mit Beendigung der Schulpflicht die Schule verlassen haben, 9,2 %, das sind 86 000 Schüler, keinen Hauptschulabschluss erreicht, davon zwei Drittel Jungen. Der Anteil soll inzwischen auf 10 % gestiegen sein, auch wenn keine ähnlich gründliche Zählung vorliegt. Etwa ein Drittel der Schulentlassenen aus allgemein bildenden Schulen ohne Hauptschulabschluss holt diesen an beruflichen Schulen nach, der Rest nie. Das heißt, dass jährlich ca. 60 000 Jugendliche hinzukommen, die nie in ihrem Leben einen Schulabschluss erwerben werden!

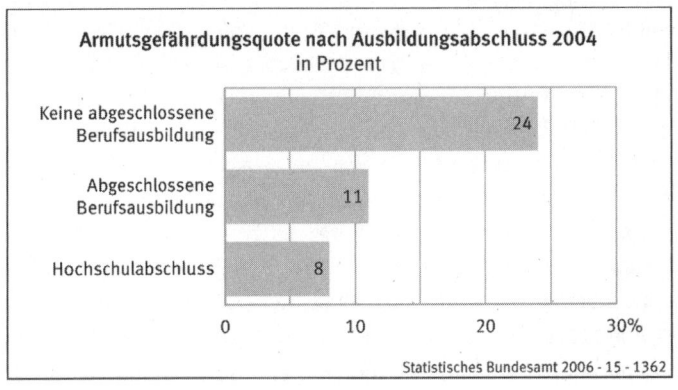

Armutsgefährdungsquote nach Ausbildungsabschluss 2004
in Prozent

Keine abgeschlossene Berufsausbildung	24
Abgeschlossene Berufsausbildung	11
Hochschulabschluss	8

0　　　　10　　　　20　　　　30%

Statistisches Bundesamt 2006 - 15 - 1362

Folgen für die Gesundheit

Eine besondere Rolle spielt die Frage der Gesundheit. „Die Unterschicht ist von allen chronischen Krankheiten überdurchschnittlich stark betroffen", sagt Andreas Mielck vom Forschungszentrum für Umwelt und Gesundheit in München. Das Krankheitsrisiko ist etwa doppelt so hoch, auch bei der angeblichen Managerkrankheit Herzinfarkt. Sind Angehörige der Unterschicht einmal erkrankt, verläuft ihr Heilungsprozess erheblich schlechter. Früher waren mangelnde ärztliche Versorgung und krankmachende Arbeitsbedingungen die Gründe dafür. Heute nicht mehr. Es gibt nur einen Grund: falsches Verhalten. Mielck hat die Beweise zusammengetragen: Ehemalige Hauptschüler rauchen fast doppelt so oft wie ehemalige Gymnasiasten. Schon 12- bis 13-jährige Hauptschüler trinken annähernd doppelt so viel Alkohol wie gleichaltrige Gymnasiasten. Fast ein Drittel der Unterschichtsfrauen haben starkes Übergewicht (32 Prozent), viermal so viel wie Oberschichtsfrauen (8 Prozent). Fast Food ist die Nahrung der Unterschicht. Und 25- bis 39-jährige Angehörige der Unterschicht haben dreimal so oft Bewegungsmangel wie Angehörige der Oberschicht. Mit Geld hat das alles nichts zu tun. Im Gegenteil: Einen Monat rauchen ist teurer als der Monatsbeitrag in einem exklusiven Fitness-Studio. Fast Food ist teurer als

Selberkochen. Alkohol ist teurer als selbst gepresster Obstsaft, die Presse mitgerechnet. Ungesundes Verhalten ist insgesamt teurer als gesundes." Doch auch diese Gesundheitsprobleme werden in Passivität, Disziplinlosigkeit und fehlender Zukunftsperspektive festgemacht: „Armut macht also nicht krank. Der schlechte Gesundheitszustand der Unterschicht ist keine Folge des Geldmangels, sondern des Mangels an Disziplin. Disziplinlosigkeit ist eines der Merkmale der neuen Unterschichtskultur. Es gibt noch mehr: Konsumforscher haben ermittelt, dass die Unterschicht zu ‚demonstrativem Konsum' neigt, die angesagtesten Klamotten, das neueste Handy, das Auto mit dem fettesten Auspuffrohr. Und wenn das Geld ausgegeben ist, werden Schulden gemacht. Wofür? Vor allem für Unterhaltungselektronik, sagen Verbraucherschützer. Die Unterschicht lebt im Hier und Heute und kümmert sich nicht um die Zukunft."[21]

Viele Untersuchungen bestätigen diese gesundheitlichen Aspekte. „In einer Jugendgesundheitsstudie wies der Berufsverband der Ärzte für Kinderheilkunde und Jugendmedizin darauf hin, dass Hauptschüler/innen häufiger krank würden als Jugendliche von Realschulen und Gymnasien. Gerade bei psychosomatischen Beschwerden wie Bauch- oder Kopfschmerzen und Müdigkeit, aber auch bei Übergewicht und dem Konsum von Zigaretten seien Hauptschüler/innen besonders betroffen. Als Ursachen werden u. a. der niedrige soziale Status, die Unzufriedenheit mit den Zukunftsaussichten und ein geringeres Gesundheitsbewusstsein in sozial benachteiligten Familien genannt."[22]

Die Studie „Gesellschaft im Reformprozess" der Friedrich-Ebert-Stiftung 2006/2007

Nach der Studie „Gesellschaft im Reformprozess" der SPD-nahen Friedrich-Ebert-Stiftung, die eigentlich das SPD-Wählerpotenzial untersuchen sollte und die kurz vor Drucklegung dieses Buches veröffentlicht wurde[23], gehören 6,5

Millionen Wahlberechtigte in Deutschland zum so genannten „abgehängten Prekariat". Dies betrifft laut Studie 4 % aller wahlberechtigten Westdeutschen und 25 % aller Ostdeutschen. Frank Karl von der Friedrich-Ebert-Stiftung betonte, dass der Begriff „Neue Unterschicht" in der Studie fehle, doch wird dieser durchaus in den Presseveröffentlichungen verwendet. Arbeitslosigkeit oder Nierigsteinkommen, Verschuldung, mangelnde Bildung, fehlende Aussichten auf Verbesserung der Situation und häufig Resignation charakterisieren diese Schicht. Weiterhin zeichne sie sich durch geringen familiären Rückhalt (hoher Singleanteil) und einen Hang zu autoritären politischen Verhältnissen aus.

Allerdings trägt die Studie zur Armutsdebatte nicht viel bei. „Denn die Friedrich-Ebert-Stiftung teilte so genannte politische Typen anhand von Selbsteinschätzungen, Werten und politischen Grundhaltungen ein. Eine solche Einstufung sagt aber nur wenig über Einkommenssituation und tatsächliche materielle Verhältnisse aus."[24] Die Studie belegt aber deutlich, dass es eine abgrenzbare Gruppe von Menschen in unserer Gesellschaft gibt, die jede Hoffnung auf Veränderung ihrer als „prekär" empfundenen Lage aufgegeben haben und sich nicht aufraffen können, sich selbst zu helfen.

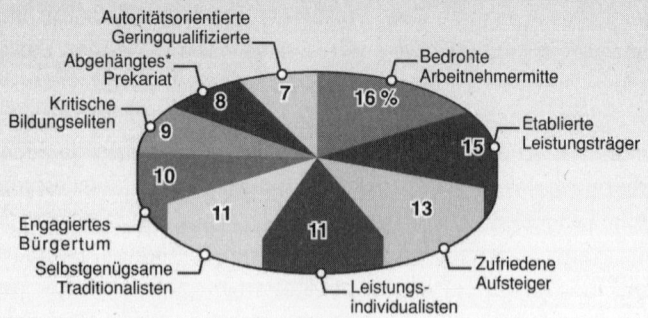

Die gesellschaftliche Zuordnung der Bundesbürger

Autoritätsorientierte Geringqualifizierte

Abgehängtes* Prekariat

Kritische Bildungseliten

Engagiertes Bürgertum

Selbstgenügsame Traditionalisten

Bedrohte Arbeitnehmermitte — 16 %

Etablierte Leistungsträger — 15

Zufriedene Aufsteiger — 13

Leistungsindividualisten — 11

11

10

9

8

7

* „neue Unterschicht" mit geringer Sicherheit, niedrigem Lohn, Teilzeittätigkeit, weniger Kündigungsschutz

dpa—
Grafik 3042

Berücksichtigt: Wahlberechtigte Bevölkerung in Deutschland
Stand: September 2006   Quelle: TNS Infratest

„Prekariat"

Prekariat ist ursprünglich ein Begriff aus der französischen Soziologie und wurde vom Adjektiv prekär (schwierig, misslich, bedenklich) entsprechend zu Proletariat abgeleitet, um einen nicht wertenden Begriff für „Proletariat", „Unterschicht", „sozial Schwache" etc. zu finden. Der Begriff hat sich in der Wissenschaft mittlerweile eingebürgert. Umgangssprachlich und in den Massenmedien wird er synonym zum Begriff „Neue Unterschicht" verwendet. Im Jahr 2006 wurde der Begriff von der Gesellschaft für deutsche Sprache auf Platz fünf der Wörter des Jahres gewählt.

Arme = Arbeiter?

Entspricht die neue Unterschicht dem alten Arbeiterproletariat? Einerseits gibt es Gemeinsamkeiten. Nach Untersuchungen des Münsteraner Soziologen Olaf Groh-Samberg aus dem Jahr 2005 entstammen seit Mitte der 1980er Jahre gleichbleibend drei Viertel aller dauerhaft Armen der Arbeiterklasse. „Insgesamt leben 56 Prozent aller armen Kinder in einfachen Arbeiterhaushalten und weitere 24 Prozent in Facharbeiterhaushalten. (...) Das gilt nochmals verstärkt für die eingewanderten Arbeiterfamilien. Arbeiterfamilien mit Migrationshintergrund stellen die größte Armutsgruppe in Deutschland dar. (...) Armut ist damit eingebettet in die klassen- und migrationsspezifische Strukturierung sozialer Ungleichheiten."[25]

Kritiker wenden dagegen aber ein, dass das weniger an der immer schwerer zu definierenden Arbeiterschicht liege, von denen ein höherer Anteil als je zuvor *nicht* arm sei, sondern das Problem die fehlenden oder niedrigen Bildungsabschlüsse der Arbeiterkinder seien, die diese immer noch überdurchschnittlich aufweisen. Zudem dürfe man die hohe Zahl derer, die nur kürzere Zeit arm sind, nicht übersehen.[26]

Einschätzung

Die hier vorgestellte Sicht der „Neuen Unterschicht" ist ebenso richtig und auch ebenso einseitig wie die sozialistische Sicht, dass die Kapitalisten schuld am Elend der Armen seien, weil sie nur willige Arbeitskräfte wollen. So wie man den einen vorwerfen muss, dass sich die Unterschicht in Deutschland nicht nur in finanziellen Kategorien darstellen lässt und längst mit kulturellen Faktoren wie der völligen Abwesenheit von Lebensperspektiven verschmolzen ist, so sehr muss man den anderen vorwerfen, dass sie die bedrückenden Folgen der Arbeitslosigkeit wie auch der Globalisierung im Niedriglohnsektor unterschätzen.

Die Studie: „Leben in Europa"
des Statistischen Bundesamtes 2006

Ende 2006 legte das Statistische Bundesamt mit der Studie „Leben in Europa 2005" erstmals Zahlen zur Armut in Deutschland vor, die aufgrund eines Beschlusses des Europaparlamentes und der EU von nun an jährlich europaweit erhoben werden sollen.[27] Neu ist, dass die Befragten zu einigen Aspekten ihrer Lebensbedingungen subjektive Einschätzungen abgeben. (Die Auswirkungen der Hartz-IV-Gesetze sind damit für die deutschen Daten noch nicht erfasst.) „Gemäß EU-Definition waren in Deutschland im Jahr 2004 13 % aller Menschen armutsgefährdet, das sind 10,6 Millionen Menschen. Dabei beträgt das Äquivalenzeinkommen, das die Armutsgrenze von 60 % des mittleren Einkommens darstellt, 856 Euro pro Monat. (...) Eine Familie mit zwei Kindern ist armutsgefährdet, wenn sie weniger als 1 798 Euro monatlich zur Verfügung hat (...) Im Osten sind 17 %, im Westen 12 % der Bevölkerung armutsgefährdet. Dagegen sind in der Altersgruppe von 65 Jahren und älter die Ostdeutschen (11 %) weniger stark armutsgefährdet als die Westdeutschen (16 %)."[28]

Armutsrisiken sind vor allem Arbeitslosigkeit, fehlende Bildungsabschlüsse sowie das Leben in einem Haushalt ohne weitere Erwachsene (Alleinerziehende, Einpersonenhaushalte). Über 40 % der Arbeitslosen und jeweils knapp ein Drittel der Alleinerziehenden sowie der Personen ohne abgeschlossene Schul- und Berufsausbildung sind armutsgefährdet.

Entscheidend aber ist, dass diese Studie auch nach dem Konsum und der tatsächlichen Lebenslage derer fragt, die unterhalb der Armutsrisikogrenze der EU leben. Damit wird zum einen deutlich, dass nicht alle Betroffenen sich wirklich von

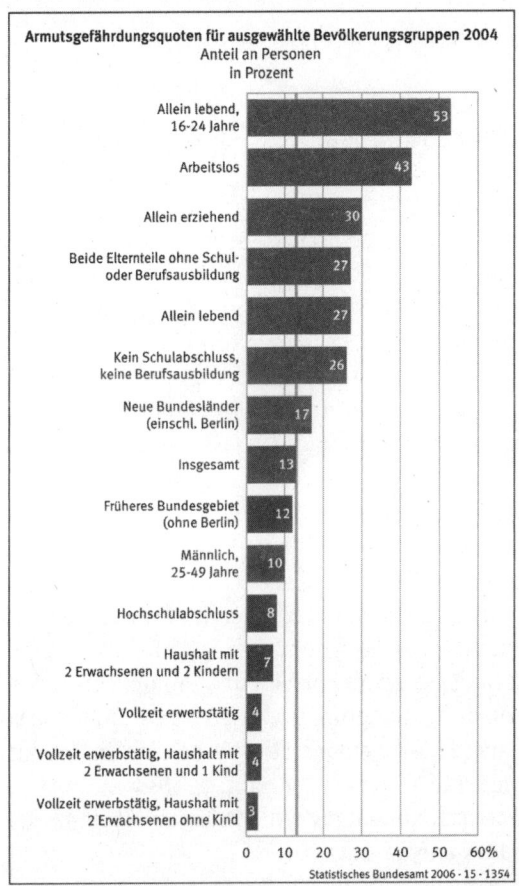

Armutsgefährdungsquoten für ausgewählte Bevölkerungsgruppen 2004
Anteil an Personen
in Prozent

Bevölkerungsgruppe	Prozent
Allein lebend, 16-24 Jahre	53
Arbeitslos	43
Allein erziehend	30
Beide Elternteile ohne Schul- oder Berufsausbildung	27
Allein lebend	27
Kein Schulabschluss, keine Berufsausbildung	26
Neue Bundesländer (einschl. Berlin)	17
Insgesamt	13
Früheres Bundesgebiet (ohne Berlin)	12
Männlich, 25-49 Jahre	10
Hochschulabschluss	8
Haushalt mit 2 Erwachsenen und 2 Kindern	7
Vollzeit erwerbstätig	4
Vollzeit erwerbstätig, Haushalt mit 2 Erwachsenen und 1 Kind	4
Vollzeit erwerbstätig, Haushalt mit 2 Erwachsenen ohne Kind	3

0   10   20   30   40   50   60%

Statistisches Bundesamt 2006 · 15 · 1354

den Reicheren unterscheiden, andererseits wird aber die tatsächliche Armut konkreter greifbar.

Menschen mit Armutsgefährdung müssen im Alltag auf viele grundlegende Dinge verzichten. Sie leben häufiger in Wohnungen mit baulichen Mängeln und Lärmbelästigung. Über die Hälfte der Armutsgefährdeten kann es sich nicht leisten, eine Woche Urlaub woanders als zu Hause zu verbringen oder unerwartete Ausgaben zu bewältigen (zum Beispiel eine de-

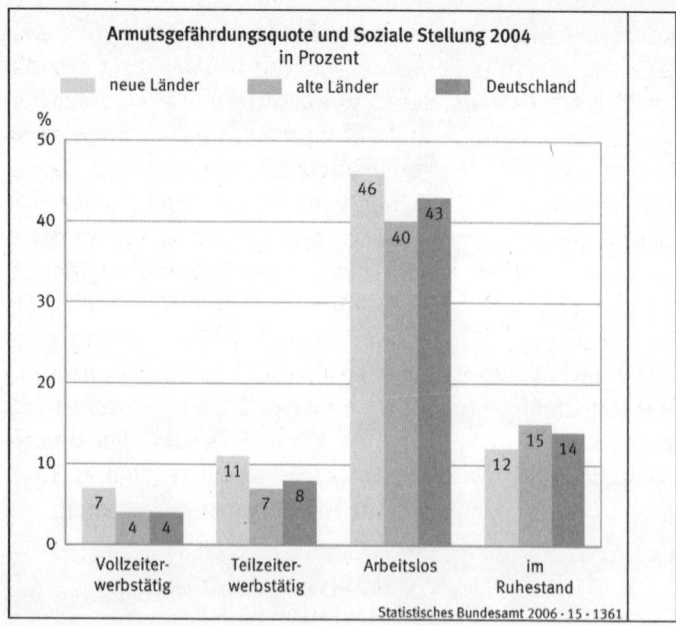

Armutsgefährdungsquote und Soziale Stellung 2004
in Prozent

neue Länder   alte Länder   Deutschland

	Vollzeiter-werbstätig	Teilzeiter-werbstätig	Arbeitslos	im Ruhestand
neue Länder	7	11	46	12
alte Länder	4	7	40	15
Deutschland	4	8	43	14

Statistisches Bundesamt 2006 · 15 · 1361

fekte Waschmaschine zu ersetzen). Armut behindert auch den Zugang zur Gesundheitsversorgung: Zuzahlungen und Selbstbeteiligungen halten mehr als ein Fünftel der Armutsgefährdeten (und immerhin 7 % der nicht Armutsgefährdeten) davon ab, sich einer notwendigen ärztlichen oder zahnärztlichen Behandlung zu unterziehen.

„Der erzwungene Verzicht auf langlebige Gebrauchsgüter wie Auto, Fernseher oder Computer kann als ein weiteres Indiz für soziale Ausgrenzung gewertet werden. Daher wurde im Rahmen von ‚Leben in Europa' für eine Reihe von Gegenständen gefragt, ob diese im Haushalt vorhanden sind oder ob der Haushalt auf diese Gegenstände aus finanziellen Gründen verzichten muss. Auch von den armutsgefährdeten Personen muss kaum jemand auf Telefon, Fernseher oder eine eigene Waschmaschine verzichten. Nur jeweils 2 % beziehungsweise 3 % leben in Haushalten, die sich diese Dinge nicht leisten können. Anders sieht es beim Besitz eines Computers aus. 21% der armutsgefährdeten, aber nur 4% der nicht armutsgefährdeten Personen leben in Haushalten, die aus finanziellen Gründen keinen Computer besitzen. Da ein Computer im Anschaffungspreis nur geringfügig teurer ist als eine Waschmaschine oder ein Fernseher, liegen hier möglicherweise vielschichtigere Gründe vor, warum der PC von armutsgefährdeten Personen nicht angeschafft wird – das ‚sich leisten können‘ ist hier möglicherweise nur einer von mehreren Gründen, die sich überlagern. Beispielsweise hängt die Anschaffung eines Computers unabhängig von der finanziellen Lage mit dem Bildungsabschluss zusammen: Armutsgefährdete Personen mit Abitur können sich nur zu 12% keinen PC leisten, bei armutsgefährdeten Personen mit Hauptschulabschluss sind es 30%. (...) 27% der Armutsgefährdeten leben in Haushalten, die

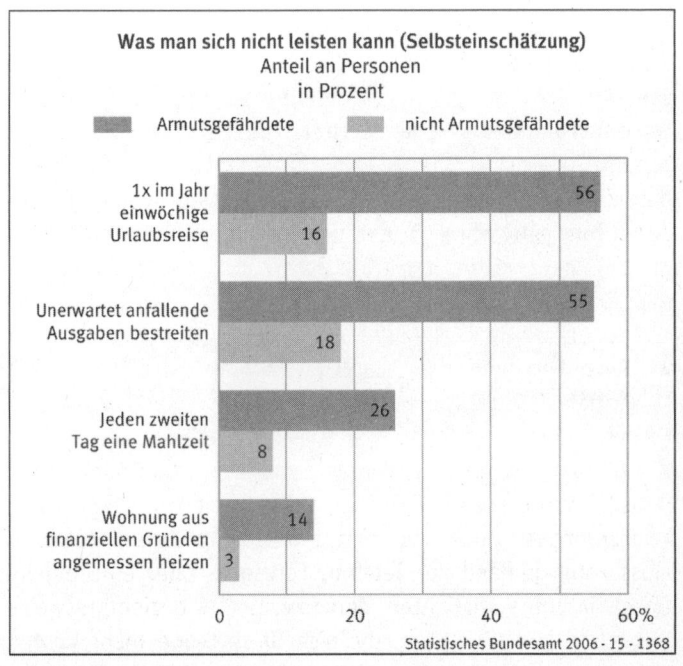

Was man sich nicht leisten kann (Selbsteinschätzung)
Anteil an Personen
in Prozent

■ Armutsgefährdete   ■ nicht Armutsgefährdete

1x im Jahr einwöchige Urlaubsreise	56 / 16
Unerwartet anfallende Ausgaben bestreiten	55 / 18
Jeden zweiten Tag eine Mahlzeit	26 / 8
Wohnung aus finanziellen Gründen angemessen heizen	14 / 3

0   20   40   60%

Statistisches Bundesamt 2006 · 15 · 1368

sich kein Auto leisten können. Bei den nicht Armutsgefährdeten sind es nur 5 %, die aus finanziellen Gründen keinen Pkw besitzen."[29] Mit diesen Zahlen wird aber auch deutlich, dass die Gruppe der statistisch Armutsgefährdeten zum erheblichen Teil über Auto und Computer verfügen, während Menschen, deren Einkommen über der Grenze liegt, darauf verzichten müssen. Aus der statistischen Grenze kann man also nur schwer auf die tatsächliche Lage der Menschen schließen.

Armutsgefährdungsquote vor und nach Sozialtransfers

Erstaunlicherweise wird eine Frage bei der ganzen Diskussion kaum berücksichtigt, nämlich wie viele Armutsgefährdete es in Deutschland gäbe, wenn keine Sozialleistungen bezahlt würden – obwohl diese Zahlen immer wieder national wie international erhoben werden. Die Studie „Leben in Europa" des Statistischen Bundesamts hat auch berechnet, welcher Anteil der Bevölkerung durch das deutsche Sozialsystem aus der Armutsgefährdung herausgeholt wird. Reduziert man alle Einkommen um die Sozialtransfers, belässt aber die Renten

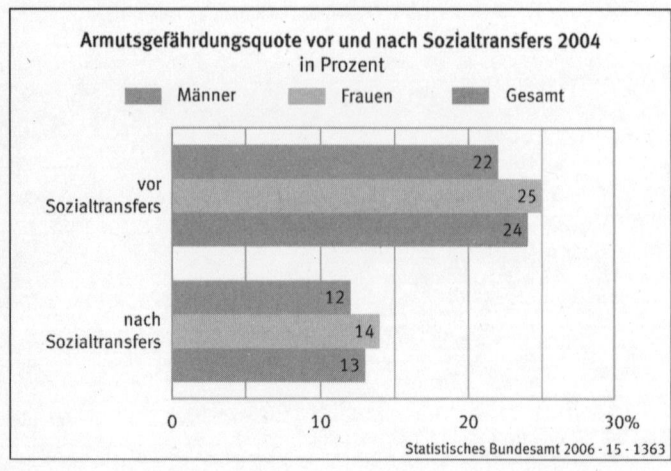

Armutsgefährdungsquote vor und nach Sozialtransfers 2004
in Prozent

Männer   Frauen   Gesamt

Statistisches Bundesamt 2006 · 15 · 1363

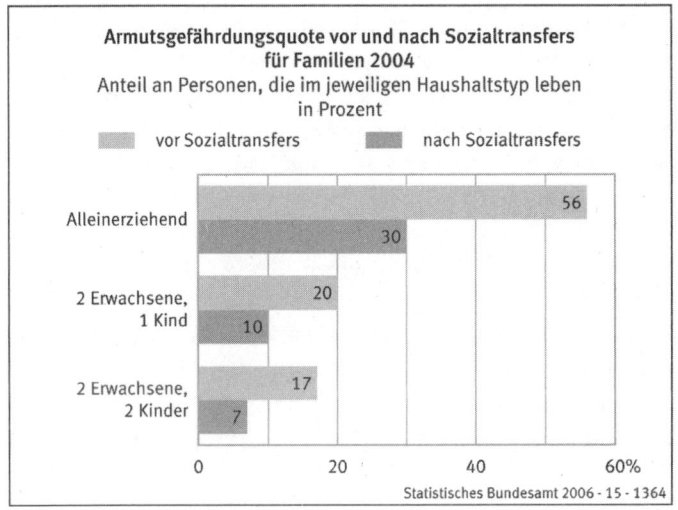

Armutsgefährdungsquote vor und nach Sozialtransfers
für Familien 2004
Anteil an Personen, die im jeweiligen Haushaltstyp leben
in Prozent

vor Sozialtransfers   nach Sozialtransfers

Alleinerziehend — 56 / 30
2 Erwachsene, 1 Kind — 20 / 10
2 Erwachsene, 2 Kinder — 17 / 7

0   20   40   60%

Statistisches Bundesamt 2006 - 15 - 1364

und Pensionen im Gesamteinkommen, verdoppelt sich die Armutsgefährdungsquote beinahe (von 13 % auf 24 %).

Armut in Österreich

Wie sehen die Ergebnisse des österreichische Gegenstücks aus, das „Statistik Austria", die Entsprechung zum deutschen Statistischen Bundesamt, veröffentlicht hat?[30] „60 % des mittleren Einkommens bilden nach europäischem Standard die so genannte Armutsgefährdungsschwelle. Menschen, die weniger als 10 182 Euro pro Jahr (oder 848 Euro pro Monat) zur Verfügung haben, gelten als armutsgefährdet. Im Jahr 2004 waren rund 1 030 000 Personen betroffen. Das sind 13 % der Bevölkerung.

Während das Armutsrisiko bei in Österreich geborenen Personen 11% beträgt, sind Eingebürgerte mit 23% und besonders Migrantinnen und Migranten mit 28% deutlich armutsgefährdeter. Ein wesentlicher Faktor (...) ist die Bildung. Personen mit nur Pflichtschulabschluss haben ein Armutsrisiko von 18%. Erwerbstätigkeit ist der wirksamste Schutz vor Armutsrisiken. Beträgt das Armutsrisiko bei Erwerbstätigen nur 8%, sind die Werte bei Nicht-Erwerbstätigen deutlich höher."

Und die Einschätzung der Lebenslage? „23% der Armutsgefährdeten können sich grundlegende Bedürfnisse, wie ihre Wohnung angemessen zu heizen, nicht leisten. Bei 6% der Bevölkerung treten niedriges Einkommen und niedriger Lebensstandard gleichzeitig auf, dies wird als manifeste Armut bezeichnet. 7% sind von geringen Einkommen, aber nicht von mangelnder Teilhabe in zentralen Lebensbereichen betroffen. Hingegen sind 21% der Personen mit einem Einkommen über der Armutsgefährdungsschwelle in zentralen Lebensbereichen stark eingeschränkt."[31] Die Ergebnisse sind also aufs Ganze gesehen mit den Ergebnissen für Deutschland vergleichbar.

Armut in der Schweiz

Da die Schweiz nicht zur EU gehört, gibt es auch keine vergleichbaren Zahlen gemäß der EU-Armutsgefährdungsdefinition. Das Thema Armut wurde in der Schweiz lange gesellschaftlich und wissenschaftlich stiefmütterlich behandelt. „In der Schweiz gibt es keine einheitliche Armutsdefinition. Meist wird jedoch auf die Definition der SKOS (Schweizerische Konferenz für Sozialhilfe) zurückgegriffen. (...) Der allgemeine Lebensunterhalt wird so festgelegt, dass er dem Konsumverhalten der ärmsten 10% der Schweiz"[32] entspricht, das heißt für 2006: 2 480 Franken nach Abzug aller Steuern und Sozialversicherungsbeiträge für eine Person. Nach dieser Definition sind 7,5% der Erwerbstätigen

„arm", wovon 60 % keine Arbeit haben und 40 % eine gering bezahlte (die so genannten *working poor;* siehe Definition S. 74).

Wie sieht es bezüglich armer Familien, Frauen und Kinder aus? „Mehr als 6 % der Familien in der Schweiz leben laut einer Studie der eidgenössischen Kommission für Familienfragen unter dem Existenzminimum. Mitbetroffen sind rund 120 000 Kinder. (...) Im Vergleich zu anderen Industrieländern gibt es wenig Armut in der Schweiz"[33]. „60 % der in Armut Lebenden sind weniger als 40 Jahre alt. Häufig sind es alleinerziehende Elternteile oder allein lebende Männer. Ältere Menschen sind dagegen nicht häufiger von Armut betroffen als der Bevölkerungsdurchschnitt ..."[34]

4. Zur Kritik der verwendeten Armutsdefinition

Absolute und relative Definitionen

„Wie viele Arme gibt es in Deutschland? Eine Frage, die schwer zu beantworten ist. Wo zieht man in einem relativ reichen Land die Armutsgrenze? Ist jemand, der Sozialhilfe vom Staat bezieht, arm? Empfindet sich ein Student, der mit einem schmalen Budget auskommen muss, als arm? Dennoch ist die Höhe des Einkommens ein auch international üblicher Vergleichsmaßstab zur Messung von Armut."[35] Es gibt also keine einheitliche Armutsdefinition, erst recht keine, die in einer Wohlstandsgesellschaft eine überzeugende Abgrenzung zwischen Armen und Nichtarmen vornehmen könnte. „Armut bleibt ein komplexer Gegenstand. Sie entzieht sich einer wissenschaftlich exakten Bestimmung."[36]

Armut bedeutet Unterversorgung in wichtigen Bereichen der menschlichen Existenz wie Ernährung, Wohnung, Gesund-

heit, Bildung, Arbeit und soziale Kontakte. Wo die Armutsgrenze festgelegt wird, ist recht unterschiedlich und variiert
von Land zu Land, von Organisation zu Organisation und von
Forscher zu Forscher. Folgt man dem Einkommen der Menschen, unterscheidet man zwischen absoluten Armutsdefinitionen, die eine für alle Länder gleiche, sehr niedrige Grenze
festlegen, und relativen Armutsdefinitionen, die Armut im
Verhältnis zum Durchschnittseinkommen eines Landes bestimmen.

Die Weltbank setzt die Grenze für absolute Armut bei einem
Einkommen von einem Dollar pro Tag an. Absolute Armut ist
damit vorwiegend in den Entwicklungsländern ein Problem
und in Deutschland unbekannt. Auf die weltweite Armut wird
in Teil II ausführlicher eingegangen.

Weitaus geläufiger ist die Festlegung der Armutsgrenze relativ zum durchschnittlichen Einkommen eines Landes oder einer
Region. Die Weltgesundheitsorganisation setzt dabei die Armutsgrenze bei 50 % des Durchschnittseinkommens an. Die Europäische Union, die früher dieser Definition folgte, hat sich
auf eine andere Armutsrisikoquote geeinigt. Es sind alle Personen, die weniger als 60 % des Medianeinkommens der Haushalte eines Landes zur Verfügung haben. Man spricht aber bewusst nicht von „Armut", sondern von „Armutsrisiko" oder „Armutsgefährdung". Oft wird jedoch in den Medien und von Politikern vereinfachend nicht von „Armutsrisiko", sondern
irreführend einfach von „Armut" gesprochen.

Medianeinkommen

Medianeinkommen ist das Einkommen, dass die Zahl der
Haushalte genau in zwei gleiche Teile aufteilt. Es handelt sich also nicht um das Durchschnittseinkommen
(alle Einkommen geteilt durch Zahl der Empfänger), sondern um die Einkommenssumme, die 50 % der Einwohner
über- und 50 % unterschreiten.

Nach der EU-Armutsrisikoquote haben in der EU nur Dänemark und Schweden bessere Werte aufzuweisen als Deutschland. 2003 lag die Quote für Deutschland bei 13,5 % (1998:
12,1 %), im EU-Durchschnitt bei 15 %.

Entwickung des Armutsrisikos in Deutschland 1973-2003 in 5-Jahres-Abständen[37]

Jahr	Ost	Gesamt	West
1973			8,7
1978			9,0
1983			11,0
1988			11,8
1993	22,0	11,7	9,1
1998	17,1	12,1	11,0
2003	19,3	13,5	12,2

Kritik an der Armutsdefinition nach relativem Einkommen

Die unterschiedlichsten Fachleute sind sich also einig: Es
gibt keinen objektiven oder absolut messbaren Armutsbegriff. Das Problem ist, dass geldbezogene Festlegungen
allein nicht ausreichen, ja irreführen können, als einzige
aber leicht messbar sind.

Folgende Kritikpunkte werden gegen das Verfahren der
„relativen" Armutsrisikogrenze der EU vorgebracht:

1. Diese Armutsrisikodefinition macht es unmöglich, Armut
   zu beseitigen, denn gleichgültig, wie stark Wirtschaft und
   Wohlstand wachsen, es wird immer Menschen geben, die
   weniger als 60 % des Medians verdienen.

2. Wenn das Durchschnittseinkommen steigt, steigt automatisch auch die Armutsgrenze. Wenn man bei dieser Art zu rechnen also alle Einkommen verdoppelt – auch die der Armen –, bleibt dennoch die Zahl der Armen gleich!

3. Wenn bei gleich bleibenden Lebensverhältnissen die Reichen reicher werden, steigt statistisch automatisch die Zahl der Armen an, auch wenn es gar niemandem schlechter geht.[38] Das heißt, jedes Mal, wenn die Gebrüder Albrecht durch Aldi reicher werden, sorgen sie auch dafür, dass es statistisch mehr Arme in Deutschland gibt, obwohl sie tatsächlich den Lebensstandard vieler Ärmeren durch ihre günstigen Massenprodukte gebessert haben.

4. Die relative Armutsgrenze bedeutet, dass ein ganzes Land über einen Kamm geschoren wird, während die Lage innerhalb eines Landes und innerhalb der Bevölkerungsschichten sehr unterschiedlich sein kann.

5. Diese Armutsrisikodefinition erfasst auch nicht die indirekten und öffentlichen Leistungen, wie sie jeder Bürger in westlichen Gesellschaften unabhängig von konkreten Zahlungen bekommt, aber etwa in Uganda nicht, also die öffentliche Infrastruktur wie Straßen, Wasserversorgung, Feuerwehr, Schwimmbäder oder Schulen. Armut kommt in einem Land wie Uganda eben auch darin zum Ausdruck, dass für einen Großteil der Bevölkerung solche Dinge fehlen.

6. Die festgelegten 60 % sind willkürlich. Warum nicht 70 %, 50 % oder 40 %? Bei 40 % wären nur noch 2 % der Deutschen armutsgefährdet. „Auf diese Weise lassen sich zwar Erkenntnisse über die Einkommensverteilung gewinnen, jedoch keine Hinweise auf existenzielle Notlagen: Dem relativen Armutsbegriff zufolge wird eine Familie mit zwei Kindern und einem Haushaltsnettoeinkommen von 1970 Euro im Monat als arm klassifiziert. Eine Alleinerziehende mit einem Kind gilt ab einem monatlich verfügbaren Einkommen von 1219 Euro als arm – bei einem Vollzeitjob

entspricht das immerhin einem Bruttostundenlohn von 8,82 Euro. So werden selbst Studenten unversehens zu Armutsfällen."[39]

Auch der Rat der EKD schreibt kritisch zur gegenwärtigen Armutsdefinition: „In die Armutsrisikogruppe fallen etwa nahezu alle Studentinnen und Studenten in Deutschland, die für eine begrenzte Zeit mit weniger als 938 € im Monat auskommen müssen. Sie erleben dies aber nicht nur in einem ganz auf diese Situation eingestellten sozialen Umfeld, sondern können auch mit einiger Wahrscheinlichkeit davon ausgehen, dafür später durch ein im Durchschnitt höheres Arbeitseinkommen entschädigt zu werden. Eine steigende Zahl der Studierenden führt daher quasi automatisch zu einer steigenden Armutsrisikoquote, ohne dass sich daraus ein spezifischer armutspolitischer Handlungsbedarf ableiten ließe. Dieses Beispiel zeigt auch die Begrenztheit der Aussagen, die mit einem statistischen Maß wie der Armutsrisikoquote scheinbar begründet werden können. Nicht zuletzt für die konkrete Arbeit von Kirche und ihrer Diakonie sind die spezifischen Verhältnisse vor Ort von größerer Relevanz."[40]

Selbst der Armutsbericht der Bundesregierung stellt fest: „Relative Einkommensarmut ist jedoch nicht ‚der' Indikator für die Messung und Feststellung von Armut. Ihre Bedeutung ist in mehrfacher Hinsicht zu relativieren:

- Die Festlegung des Anteils am Mittelwert, der die Armutsrisikogrenze definiert (also z. B. die erwähnten 60 %), ist lediglich eine Konvention.

- Nach dem Konzept hängt die Armutsrisikogrenze vom Wohlstandsniveau ab. Weil in Deutschland der erreichte Wohlstand vergleichsweise hoch ist, liegt die Armutsrisikogrenze höher als in anderen Ländern. Das ist bei internationalen Vergleichen zu berücksichtigen.

– Maße relativer Einkommensarmut sagen vor allem etwas über die Einkommensverteilung aus, jedoch nichts über die Einkommensressourcen, die zur Befriedigung der notwendigen Bedürfnisse erforderlich sind.
– Schließlich greift eine indirekte Bestimmung der Armut wie etwa in Form der Einkommensarmut zu kurz, wenn andere Faktoren (z. B. Vermögen, Schulden, Gesundheit, Bildung, Arbeitslosigkeit) bei gleichem Einkommen einen jeweils unterschiedlichen Stellenwert besitzen."[41]

Ein Vergleich mit anderen EU-Ländern kann die Unsinnigkeit der 60%-Regel zeigen. Laut EU-Statistik sind in Deutschland 13% der Bevölkerung armutsgefährdet, in Rumänien 18%, in Luxemburg 10%. Für einen Haushalt mit zwei Erwachsenen und zwei Kindern soll die Armutsrisikogrenze in Deutschland bei 19500 € netto liegen. In Luxemburg ist sie innerhalb der EU am höchsten, nämlich bei 30000 €, in Rumänien am niedrigsten bei 2000 €. Das aber ist doch absurd. Die Lebenshaltungskosten in Luxemburg sind nicht so viel höher als in Deutschland, die in Rumänien nicht so viel niedriger. Fakt ist aber, dass in Deutschland viele vierköpfige und nicht arme Familien keine 20000 € netto haben, während in Rumänien das Medianeinkommen von 5000 € oft nicht zum Heizen im Winter reicht! Werden hier nicht am Schreibtisch von Statistikern Daten erhoben, die mit dem realen Leben nichts zu tun haben?

Lebenslagenansatz

Gegen die übliche Armutsrisikodefinition wurde das Lebenslagenkonzept entwickelt. Es wird dabei nicht nach dem verfügbaren Ressourcen, sondern nach der tatsächlichen Versorgungslage und Teilhabe an zentralen Lebensbereichen gefragt, wie Arbeit, Bildung, Wohnen, Gesundheit oder Teilhabe am politischen, gesellschaftlichen und kulturellen Leben. Walter Krämer schreibt dazu: „... nicht mehr das Einkommen entscheidet über Armut, sondern nur die Frage, welche Notwendigkeiten des Lebens ein Haushalt, ganz gleich aus welchen Quellen, zur Verfügung hat: Gibt es in der Wohnung fließendes Wasser, Zentralheizung, Telefon, eine abgeschlossene Toilette? Besitzt der Haushalt ein Auto, einen Kühlschrank, Geschirrspüler, Waschmaschine, Wäschetrockner? Sind die Haushaltsmitglieder krankenversichert, gibt es Ärzte, Zahnärzte oder Apotheker in der Nähe usw.? Hier zeigt sich immer eine ‚überraschend schwache Abhängigkeit zwischen dem Einkommen auf der einen und der realen Lebenslage auf der anderen Seite' (…), und zwar in Deutschland wie in vielen anderen Ländern dieser Erde: Wer wenig verdient, muss noch lange nicht schlecht leben, und wer viel verdient, ist vor Armut – definiert als Mangel an den schönen Dingen dieses Lebens – keineswegs geschützt, so dass allein das Einkommen sowohl bei der Einschätzung der Armut innerhalb eines Landes als auch bei internationalen Vergleichen wenig sagt. Einkommensbasierte Wohlstandsvergleiche werden möglicherweise eine andere Reihenfolge der Nationen ergeben als wenn wir nur die reinen Lebensverhältnisse als solche betrachten' (…) Anders als viele ‚Arme' in Deutschland oder Schweden verfügen etwa die meisten ‚Armen' in den USA über ein voll eingerichtetes Badezimmer und eine komplette Küche; 60 Prozent der ‚Armen' in den USA besitzen einen Videorecorder, ebenfalls 60 Prozent besitzen eine Mikrowelle, 50 Prozent besitzen einen Wäschetrockner und 20 Prozent besitzen einen Geschirrspüler."[42]

Interessant sind hier viele Gutachten für den Zweiten Armut- und Reichtumsbericht der Bundesregierung. Eines dieser Gutachten verwendet alle verfügbaren Daten aus Umfragen etc., die zum Ausdruck bringen, worauf Haushalte aus finanziellen Gründen verzichten müssen. Das Gutachten kommt zu dem Schluss, dass sich die Zahl der wirklich Armen, die in einer prekären Lage sind und auf mehrere Güter des normalen Lebens verzichten müssen, 1996 bis 2003 konstant bei 3 bis 5 % der Deutschen liegt.[43] Die hohe Zahl der 13 % Armutsgefährdeten gemäß der EU-Definition dient eher Politikern und auch Wohlfahrtsverbänden dazu, auf sich aufmerksam zu machen, die Probleme der eigentlichen Armen, die etwa ein Viertel dieser Größe ausmachen, gehen aber schnell in der Gesamtzahl unter.

Kurzfristig Arme

Eine weitere Kritik an der Armutsrisikogrenze der EU lautet, dass sie eine statische Gesellschaft vortäuscht, während tatsächlich Jahr für Jahr viele Menschen in ihrem Einkommen auf- und absteigen. Die 13 % Armutsgefährdeten von 2005 und von 2006 sind nur zum Teil dieselben Menschen. In ihrem Armutsbericht stellten selbst die Gewerkschaften und Wohlfahrtsverbände im Jahr 2000 fest, dass die Einkommensarmut zwar ständigen Schwankungen unterlag, aufs Ganze aber kein Anstieg festzustellen sei.[44] „Armut ist dabei kein Dauerzustand", da viele „die Armutslage nur kurzfristig" erlebten. Besonders betroffen seien Arbeitslose, Behinderte und Ausländer, sowie erschreckenderweise, wer mehrere Kinder zu versorgen habe.

Und auch die Bundesregierung schreibt im Zweiten Armutsbericht: „Einkommensarmut ist keineswegs ein permanenter Zustand, sondern wird vielmehr durch ein hohes Ausmaß an Fluktuation gekennzeichnet. In den Jahren 1998 bis 2003 ist es mehr als der Hälfte der dem Risikobereich der Einkommensarmut zuzuordnenden Bevölkerung gelungen, ihre Situation zu verbessern. Dabei zeigen sich zwischen den Mobilitätsmustern in den alten und in den neuen Ländern keine wesentlichen Unterschiede."[45] Nach diesem Bericht stieg ein gutes Viertel derjenigen, die 2002 armutsgefährdet waren (60 % des Medianeinkommens) binnen eines Jahres in eine höhere Einkommensklasse auf.

Betrachtet man einen längeren Zeitraum, nimmt die Mobilität zwischen den Schichten sogar noch zu. Zwischen

1998 und 2003 schaffte es laut Armutsbericht der Bundesregierung mehr als die Hälfte der Bundesbürger, die über
weniger als 60 Prozent des mittleren Einkommens verfügten,
in eine höhere Einkommensklasse zu kommen. Von 2002
auf 2003, also innerhalb eines Jahres, stiegen 27,5 % von
ihnen auf, 11,3 % sogar von unter 60 % in die Klasse 100-
150 %. Weniger als die Hälfte der Einkommensschwachen
steckte in dieser Zeit länger als drei Jahre in der untersten
Kategorie fest. (Umgekehrt ist allerdings auch zu beachten,
dass innerhalb eines Jahres von 2002 auf 2003 22,1 % derjenigen, die 150 % des Medianeinkommens hatten, in die
Klasse darunter abrutschten.)

5. Weitere Details der Statistik

Überschuldung

7,2 Millionen Deutsche waren 2006 überschuldet, was nach
Berechnungen von Creditreform einer Quote von über 10 %
der Erwachsenen bedeutet. Man unterscheidet zwei Arten
der „Überschuldungskarrieren", nämlich das Armutsmuster,
bei dem geringes Einkommen und vor allem Arbeitslosigkeit
dazu führen, Kosten der Existenzsicherung durch Schulden
abzudecken, und das Armutsmuster der wachsenden Zahl
der Wohlstands-Überschuldeten, die aus allen Schichten
stammen, die vor allem durch überzogenen Konsum, fehlende Finanzplanung oder ungedeckte Kreditaufnahme in
diese Situation geraten. Typisch sind heute Fälle, bei denen
langfristige Kredite etwa für Auto oder Immobilien so auf-
genommen wurden, als sei ein gutes Einkommen für immer
gesichert, aber dann durch Arbeitslosigkeit oder schlechter
bezahlte Nachfolgejobs nicht mehr abgezahlt werden können. Man kann deswegen Überschuldung in Deutschland
nicht automatisch mit Armut gleichsetzen.

Staatsverschuldung

Die Verschuldung der Privathaushalte spiegelt sich in der Verschuldung des Staates wider. Die Arbeitslosigkeit stieg zwischen 1970 und 1990 um 1100%, die Staatsverschuldung um 750%. Mahnrufe einflussreicher Bundesminister von rechts wie links, wie Karl Schiller (SPD) und Otto Graf Lambsdorff (FDP), die früh zum Sparen aufriefen und eine Katastrophe für die nächste Generation befürchteten, blieben wirkungslos.

Deutschland lebt seit Jahrzehnten weit über seine Verhältnisse (etwas weniger Österreich und die Schweiz). Dennoch überbieten sich die Politiker täglich mit neuen Vorschlägen, wo man noch Geld ausgeben könnte. Die gigantischen Schulden auf allen Ebenen (kommunal, auf Länder- und Bundesebene einschließlich der vielen versteckten Schuldenberge etwa bei privatisierten Staatsfirmen oder in den enormen Pensionszusagen der Zukunft) ersticken jede Möglichkeit, sinnvoll in die Zukunft zu investieren.

Langfristig wäre die größte Antiarmutsaktion die Investition in die Bildung jüngerer Menschen, etwa, indem alle Schulklassen von durchschnittlich 30 auf 20 Schüler reduziert würden, aber wir können für die jetzige jüngere Generation kaum etwas tun, weil wir bereits das Geld der nächsten und übernächsten Generation verpulvert haben.

Sozialleistungen und Wohngeld

Geldliche Sozialleistungen aller Art (Sozialhilfe, Wohngeld, Arbeitslosengeld) haben einen seit Jahren wachsenden Anteil am Einkommen der Bürger. Im Jahr 1991 betrugen sie ca. ein Viertel (26,6%) an allen Einkommen, 2003 fast ein Drittel (32,4%). Dabei ist die Lage in den Bundesländern sehr unterschiedlich. In den neuen Bundesländern reicht sie von Berlin mit 40,5% (1991 noch 28%) bis Sachsen-Anhalt mit enormen 46,6%. In den alten Bundesländern reicht sie von 26,2% in Bayern, 26,3% in Baden-

Württemberg und 29,6% in Hamburg bis 34,8% im Saarland.

Die steigenden Mietkosten, die zum Teil auch durch die steigenden Belastungen mit staatlichen Steuern und Gebühren verursacht sind, belasten einen immer größeren Teil deutscher Haushaltsbudgets. Gaben die Haushalte in den alten Bundesländern 1994 24% ihres Haushaltseinkommens für Miete aus, so stieg dies in den folgenden zehn Jahren bis 2004 auf 27%. Die Mietausgaben in den neuen Bundesländern steigerten sich erwartungsgemäß noch stärker von 17,3 auf 25,5%. Das hat natürlich auch Konsequenzen für armutsgefährdete Haushalte. Die Mietkosten sind ab einer gewissen Höhe kaum noch durch Verkleinerung der Wohnung usw. zu unterschreiten, so dass arme Haushalte einen viel höheren Prozentsatz ihres Haushaltsbudgets für das Wohnen aufbringen müssen. 2004 waren das 41% in den alten Bundesländern und – wegen des stärker verfügbaren billigen, weil alten und ungenutzten Wohnraums – in den neuen Bundesländern „nur" 34%.

Das führt auch zu einer größeren Belastung des Sozialstaates, denn 7% aller Haushalte in den alten und 13% in den neuen Bundesländern erhalten Wohngeld von den Kommunen. Allerdings ist hier eine Veränderung eingetreten. Ende 2005 erhielten nur noch 781000 Haushalte in Deutschland Wohngeld, ein Rückgang gegenüber Ende 2004 um 78%. Dies ist eine Folge der neuen Hartz-IV-Regelungen, nach der Hartz-IV-Empfänger ihre Unterkunftskosten im Rahmen der jeweiligen Sozialleistungen erhalten und nur, wenn das nicht reicht, Wohngeld hinzutritt.

Verteilung des Reichtums

Im Jahr 2003 hatten nach dem Zweiten Armuts- und Reichtumsbericht der Bundesregierung von 2005 alle privaten Vermögen in Deutschland einen Wert von fünf Billionen Euro, also 133000 € pro Haushalt. Die reichsten 10% der

Haushalte besaßen durchschnittlich 670 000 € pro Haushalt, die ärmsten 10 % der Haushalte hatten im Schnitt 8 000 € Schulden. Die Mitte der Verteilung (Median) lag bei 50 000 €. Von 1998 auf 2003 stieg das Vermögen aller nominal um 17 %, an den Preisen gemessen um immerhin 10 %.

Die unteren 50 % der Haushalte verfügten 2003 über 4 % der Vermögen, während die oberen 20 % 67 % der Vermögen hielten, die oberen 10 % 47 % der Vermögen. Diese Anteile hatten sich von 1998 auf 2003 nur unwesentlich verschoben. Deutschland hat übrigens im weltweiten Durchschnitt einen der besten, weil gleichmäßigsten Verteilungsgrade der Vermögen auf alle Schichten.

Drei Viertel der Vermögen sind Immobilienvermögen. Im obersten Zehntel besitzt praktisch jeder Immobilienvermögen, im untersten Zehntel 6 %. Das Immobilienvermögenswachstum in den neuen Bundesländern ist dabei erheblich stärker (1990-2003 nominal 63 %, real 42 %, in den alten Bundesländern nominal 19 %, real 3 %) und das ostdeutsche Durchschnittsvermögen hat sich derzeit durchschnittlich auf etwa die Hälfte des westdeutschen angeglichen.

In Deutschland kommt die Aufgabe der Umverteilung der Einkommen beziehungsweise der sich daraus ergebenden Vermögen vor allem dem Einkommensteuersystem zu. Die Reichen sind aber nicht nur diejenigen, die das meiste Vermögen halten und einen Großteil der Steuern bezahlen, sondern auch diejenigen, die den größten Teil der Steigerung des Bruttosozialproduktes und einen Großteil der Grundlage des Einkommens aller erwirtschaften. Deswegen ist der Umstand, dass die Zahl der Dollar-Millionäre mit mehr als einer Million Dollar liquidem Vermögen in Deutschland kaum wächst, gemessen daran, dass sie in anderen Ländern stark ansteigt, auch für Ärmere in Deutschland eine beunruhigende Nachricht. So schreibt Die Welt am 10.6.2005: „Frankfurt/Main – Deutschland ist kein gutes

Pflaster für Millionäre. Geringes Wirtschaftswachstum, kompliziertes Steuersystem, schwacher Immobilienmarkt – alles Punkte, die es wohlhabenden Privatanlegern erschweren, ihr Vermögen weiter zu mehren. Zu diesem Schluss kommt der World Wealth Report 2005. Im vergangenen Jahr erhöhte sich die Zahl der Millionäre in Deutschland lediglich um 0,6 Prozent auf 760 300. Schon 2003 verharrte die Zahl auf der Stelle." Während die Zahl in Deutschland also in einem Jahr um 4 400, also 0,6 % stieg, stieg sie weltweit hingegen um 7,3 Prozent auf 8,3 Millionen.

Gabor Steingart vom Nachrichtenmagazin Der Spiegel schreibt deswegen zu Recht: „Die oberen zehn Prozent des Landes tragen zum Steueraufkommen in Deutschland rund 54 % bei, in Frankreich und England sieht es ähnlich aus. Ein Beitrag von dieser Größenordnung verdient Respekt und keine Beschimpfungen. Ihr Reichsein verdanken die Reichen keiner Lotterie und nicht Seeräuberei, sondern in aller Regel beruht es auf einer Leistung, die über das Normalmaß deutlich hinausragt. (...) Wir sollten ihnen den hysterischen Ruf nach mehr irdischer Gerechtigkeit und größerer Gleichheit ersparen. Ohne ihren Reichtum wären wir alle ärmer."[46]

In *Österreich* war das gesamte Privatvermögen von 944 Milliarden Euro ungefähr zu je einem Drittel auf die reichsten 1 %, die obersten 2–9 % und auf die restlichen 90 % verteilt.[47] In Österreich gibt es 60 000 Euro-Vermögensmillionäre, die zusammen 200 Milliarden Euro besitzen.

Ganz anders ist die Lage in der *Schweiz*. Laut einer Studie des Schweizerischen Nationalfonds besitzen in der Schweiz rund 3 % der Bevölkerung über 90 % des gesamten Vermögens. Die Vermögensverteilung der Schweiz entspricht etwa jener eines von sozialer Ungleichheit geprägten Landes wie Argentinien.

II. | Herausgeforderter Sozialstaat

1. Zur Geschichte von Armut und Sozialversicherung in Deutschland

Bis 1945

Ende des 18. Jahrhunderts lebte in Deutschland nur ein Sechstel der heutigen Bevölkerung und diese war zur Hälfte unter 18 Jahre alt. Jeder war praktisch arm. Die Welt war – wie schon über Jahrhunderte hinweg – eingeteilt in wenige Menschen mit Eigentum, die frei waren, und sehr viele Menschen ohne Eigentum, die rechtlich oder tatsächlich unfrei waren und von der Gnade der Eigentümer abhingen. Erst 1765–1850 erfolgte die schrittweise vollzogene Bauernbefreiung. So sehr uns das Bild der ausgebeuteten Industriearbeiter der industriellen Revolution geprägt hat (1860/70: 78 Stunden Arbeitszeit, 1900/05: 60 Stunden) und so richtig es war, für deren Rechte zu kämpfen, muss betont werden: Die Industriearbeiter waren (a) die erste Bevölkerungsgruppe, die rechtlich wirklich frei war, obwohl sie kaum etwas besaß, und (b) waren viele trotz allem besser gestellt als die Masse der Menschen vor der industriellen Revolution. Einem Industriearbeiter um 1900 ging es in der Regel besser als seinen Urgroßeltern, die in der Landwirtschaft, in Heimarbeit oder als Hausangestellte arbeiteten.

1907 machte die Oberschicht aus Adel und Großbürgertum 1% der Bevölkerung aus, der Mittelschicht aus altem und neuem Mittelstand 29%. 70% gehörten als Arbeiter oder in der Landwirtschaft Tätige der Unterschicht an. 1932 war der Prozentsatz der Oberschicht gleich geblieben, die Mittelschicht aber auf 35 % angewachsen.[48]

Man kann drei Wurzeln des deutschen Sozialstaates ausmachen:

1. die territorialherrschaftlichen Versorgungssysteme für bestimmte Berufsgruppen wie Bergbau und Zünfte;
2. die Versorgungskassen umsichtiger Unternehmer wie Alfred Krupp;
3. die Selbsthilfe der Hilfskassen der Arbeiter seit Mitte des 19. Jahrhunderts.

Diese Absicherungen kamen aber immer nur einen kleinem Bevölkerungsteil zugute.

In der Kaiserzeit begann man, traditionelle Armutsrisiken wie Krankheit, Unfall, Invalidität und Alter national auf niedrigem Niveau abzusichern. Es würde zu weit führen, die Geschichte des Sozialversicherungswesens hier im Einzelnen nachzuzeichnen.

Geschichte der deutschen Sozialversichrung

Jahr	Sicherung	Zielgruppe
1883	Krankenversicherungsgesetz	Industrie-arbeiter
1884	Unfallversicherungsgesetz	Industrie-arbeiter
1889	Alters- und Invalidensicherungs-gesetz	Industrie-arbeiter
1903	Kinderschutzgesetz, Regelung der Kinderarbeit	Arbeiter-familien
1911	Hinterbliebenenrente	Arbeiter-familien

1911	Hausarbeitsgesetz (Aufnahme der Heimarbeit in den Sozialschutz)	Arbeiter-familien
1924	Fürsorgepflichtgesetz	arbeitslose Arbeiter und Angestellte
1924	Angestelltenversicherungsgesetz	arbeitslose Angestellte
1927	Arbeitsvermittlungs- und Arbeits-losengesetz	arbeitslose Arbeiter und Angestellte
1950	Bundesversorgungsgesetz	Kriegsopfer
1950	Staatliche Wohnungsbaupro-gramme	Kriegsopfer
1952	Lastenausgleichsgesetz	Kriegsopfer
1953	Bundesversicherungsanstalt für Angestellte	Angestellte, Rentner
1954	Kindergeldgesetz	Familien
1957	Große Rentenreform	Rentner, Arbeiter und Angestellte
1960	Wohngeldgesetz	alle Ärmeren
1961	Bundessozialhilfegesetz	alle Ärmeren
1969	Arbeitsförderungsgesetz	alle Arbeits-losen
1970	Lohnfortzahlungsgesetz	Arbeiter und Angestellte
1971	Unfallversicherung für Schüler und Studenten	jüngere Men-schen
1971	Bundesausbildungsförderungsge-setz (BAföG)	jüngere Menschen

1972	Rentenreform (flexible Alters-grenze, Öffnung für Selbststän-dige)	Rentner, Selbst-ständige
1995	Pflegeversicherungsgesetz	Rentner, Arbeiter und Angestellte
2003-2005	Hartz I-IV: Sozialgesetzbuch II und XII: Grundsicherung und Arbeitslosengeld II	alle

1945–1975

Aus der wirtschaftlich blühenden Gesellschaft der Kaiserzeit wurde durch zwei Weltkriege eine millionenfach innerlich wie äußerlich versehrte und verkrüppelte und um ihre inneren und äußeren Werte gebrachte Gesellschaft. Die „Stunde Null" war für viele auch wirtschaftlich ein Nullpunkt. Es gab 1945 mehr Menschen, die nicht wussten, wovon sie leben sollten und die kein Dach über dem Kopf hatten oder mit vielen anderen in Zimmern und Wohnungen zusammengepfercht lebten, als solche, die davon nicht betroffen waren. fünf Millionen der 16. Millionen Wohnungen waren völlig zerstört, drei Millionen Wohnungen beschädigt. sieben Millionen Menschen waren obdachlos. 1946/47 kam noch einer der härtesten Winter seit langem dazu und Kohle und Holz waren Mangelware. Die Ostgebiete Deutschlands, die die Kornkammern des Landes gewesen waren, waren verloren gegangen. 1946 lag die Kalorienversorgung in der amerikanischen Zone bei 1 275 Kalorien, in der französischen bei 927, weit unter dem Existenzminimum, das die Vereinten Nationen mit 2 500 berechnet hatten. Noch 1950 arbeitete der Großteil der Bevölkerung 48 Stunden in der Woche bei zwei Wochen Jahresurlaub und erhielt dafür weniger als das heutige Niveau der Sozialhilfeleistungen in Kaufkraft verglichen.

Gemessen an dieser Situation kann man das Deutschland der letzten 50 Jahre nur als unglaublich wohlhabend bezeichnen. Das 1949 einsetzende und zwei Jahrzehnte anhaltende deutsche „Wirtschaftswunder" war natürlich eingebettet in ein nie zuvor gekanntes Weltwirtschaftswachstum; dies wurde aber in Deutschland angesichts der ausweglosen Ausgangsposition als besonders „wunderbar" empfunden. „Das Pro-Kopf-Einkommen der Deutschen stieg von 1 186 Dollar Ende der fünfziger Jahre (USA zur gleichen Zeit 2 491 Dollar) innerhalb von knapp 20 Jahren auf 10 837 Dollar und hatte damit 1979 das Pro-Kopf-Einkommen der Siegermacht USA leicht überflügelt. Aus Habenichtsen waren Besitzende geworden. Das neue Deutschland, politisch unterwürfig und militärisch ein Nichts, war zum ökonomischen Riesen aufgeschossen, der militärischen Niederlage folgte der wirtschaftliche Triumph, was die Franzosen und Briten mit Bitterkeit erfüllen musste."[49]

Die Teilhabe der großen Masse der Bürger am gesellschaftlichen Aufstieg und breiter Wohlstand nahmen im ersten Vierteljahrhundert nach dem Zweiten Weltkrieg weltweit und vor allem in den USA, Japan und Westeuropa enorm zu, allen voran aber in Deutschland. Wirtschaftswachstum führte zu Beschäftigungswachstum, Wohlstand und starker Ausweitung der Wohlfahrtsleistungen. Armut und Einkommensungleichheit gingen bis Mitte der 70er Jahre zurück. Stattdessen riefen die Deutschen Millionen von „Gastarbeitern" aus Südeuropa und der Türkei, um den Boom bewältigen zu können. Die Arbeitslosigkeit sank trotzdem von 11 % 1950 auf 1,3 % 1960, die Nettoverdienste der Arbeitnehmer stiegen um 70 %. Die Zahl der Fürsorgeempfänger sank von 3,3 % auf 1,8 % der Bevölkerung.

Seit dem Zweiten Weltkrieg wurden die sozialstaatlichen Leistungen in fast allen westeuropäischen Staaten über die reine Grundsicherung hinaus erweitert, so auch in Deutschland in den 1950er Jahren. 1957 fand die Große Rentenreform statt, die durch Erhöhung der Zahlungen die Armut der Alten und Kriegsversehrten schlagartig beendete und 1960 vom Wohngeldgesetz sowie 1961 vom Bundessozialhilfegesetz ergänzt wurde. Bis Ende der 1960er Jahre stieg mit dem wachsenden Wohlstand auch die soziale Absicherung. 1969–1975 erweiterte die sozialliberale Koalition den Empfängerkreis staatlicher Transferzahlungen (z. B. Studenten durch BAföG), die Höhe der Leistungen und die Versicherungsarten.

Armut in der DDR

In der DDR gab es offiziell ebenso wenig Armut wie es angeblich keine Arbeitslosigkeit oder Obdachlosigkeit gab. Die staatliche „Sozialfürsorge" erreichte bis Ende der 1980er Jahre nur einige Tausend Bürger der DDR. Die tatsächlich Armen wie etwa die Obdachlosen wurden in den 1970er und 80er Jahren zunehmend kriminalisiert und als „lichtscheues Gesindel" meist aus dem Verkehr gezogen. Nach § 249 des Strafgesetzbuches der DDR war „asoziale Lebensweise" strafbar, da sie Kennzeichen „kapitalistischer Denk- und Lebensgewohnheiten" sei und von der Dekadenz westlicher Medien hervorgebracht würde. Nach Forschungsergebnissen des „Instituts für Lebensstandard" der Hochschule für Ökonomie in (Ost-)Berlin, die nie veröffentlicht wurden, lagen 1970 65 % aller Rentnerhaushalte um die Armutsgrenze. In Bezug auf die ganze Bevölkerung betrachtet, machte der Anteil der Bevölkerung an oder unter der nach einem Warenkorb ermittelten Armutsgrenze fast die Hälfte der Bevölkerung aus.

Die Krise seit den 1980er Jahren

Gegen Ende der 1960er Jahre schien die Armut der Deutschen endgültig überwunden. Jedoch kehrte sie in den späten 1970er und 80er Jahren zurück, allerdings in anderer Form mit dem Anwachsen der Massenarbeitslosigkeit.

Mit der Öl- und Wirtschaftskrise 1973/74 endete der Vollbeschäftigungsstaat und schon unter Bundeskanzler Helmut Schmidt ab 1975, dann aber erst recht seit Bundeskanzler Helmut Kohl ab 1982, begann der Rückbau des inzwischen überforderten Sozialstaates, während gleichzeitig unter Kohl die Leistungen für Familien ausgebaut wurden. Folgenreich war 1990 die Wiedervereinigung (s. unten). 1995 kam mit der Pflegeversicherung eine ganz neue Versicherung hinzu. 2003 und 2005 folgten dann die umfangreichen Hartz I-IV-Reformen („Agenda 2010"), die einige völlig neue Sozialgesetze mit sich brachten.

Bereits 1975 proklamierte die CDU auf dem Mannheimer Parteitag die „Neue Soziale Frage". Heiner Geißler, wesentliche Stimme in dieser Diskussion, ging von sechs Millionen Armen aus, die unter dem Sozialhilfeniveau lebten, darunter vor allem Rentner, Frauen und Kinderreiche.[50] Auch wenn sich manches seitdem geändert hat, etwa die Altersarmut erheblich reduziert wurde und das Anschwellen der Zahl der Alleinerziehenden damals noch nicht so absehbar war, liest sich doch vieles, was im Umfeld der Diskussion damals geschrieben wurde, so, als beziehe es sich auf heute. Politiker, die meinen, ein neues Problem entdeckt zu haben, sollten sich vor Augen halten, dass man schon vor 30 Jahren in vielen Fragen zur Armut ebenso die Augen verschlossen hat wie etwa bei der Staatsverschuldung, der Integration der Migranten oder der Verhinderung einer großen Zahl von Jugendlichen ohne Schulabschluss oder Berufsausbildung.

Seit den 1980er Jahren sind alle westeuropäischen Wohlfahrtsstaaten durch diverse politische, wirtschaftliche und soziale Wandlungsprozesse stark unter Druck geraten:

- die Internationalisierung des Kapitals und die Globalisierung der Märkte;
- die Grenzen der Handlungsspielräume durch wachsende Staatsverschuldung;

- die hohe strukturelle – und nicht nur vorübergehende (konjunkturelle) – Arbeitslosigkeit;
- die demographische Entwicklung (steigende Lebenserwartung, niedrige Geburtenrate);
- der Zerfall von Ehe, Familie und Familiensolidarität (Zunahme von Scheidungen, Alleinerziehenden und allein gelassenen Alten);
- Migrationsbewegungen und hohe Zahlen von Einwandern in zweiter und dritter Generation.

Dazu kamen in Deutschland die Lasten der Wiedervereinigung.

Das Sonderproblem der Wiedervereinigung

Die entscheidenden Fehler bei der Wiedervereinigung waren nach Experten im Rückblick:

1. die zu schnelle, übergangslose Privatisierung des gigantischen Staatseigentums durch die Übereignung an Wirtschaftsbetriebe, die zum Aufkauf durch Unfähige und die – meist die westdeutsche – Konkurrenz verleitete;
2. die Belastung der Sozialkassen durch die Tatsache, dass ihnen weite Teile der Hebung des Lebensstandards in den neuen Bundesländern aufgebürdet wurde. Die Bundesregierung vermied nach 1990 große Steuererhöhungen (mit Ausnahme der Erhöhung einiger unwichtigerer Steuern) und belastete die Sozialkassen mit den Kosten der Wiedervereinigung in dreistelliger Milliardenhöhe.[51] Gabor Steingart kritisiert: „Aus der Substanz des Westens werden seit dem Einheitsjahr unvermindert rund 1 250 Milliarden Euro in die fünf neuen Bundesländer hinübergeleitet, das Geld dient dort ganz überwiegend dem Konsum unserer Landsleute".[52] Das ist die Fortsetzung einer „Wiedervereinigung auf Kosten des Sozialstaates". Allerdings sind hier auch viele Experten der Meinung, dass die umlagefinanzierten Sozialversicherungen die *Rettung* der

Wiedervereinigung waren, denn kein anderes Versicherungssystem hätte aus dem Stand Millionen von Empfängern eingliedern können, die nie etwas eingezahlt hatten. Selbst der nachdrücklich für den Abbau des Sozialstaates eintretende Meinhard Miegel schreibt: „Im Kern sind umlagefinanzierte Sozialsysteme nichts anderes als sich langsam voranschiebende Schuldenberge. (...) Für Schock- und Chaoszeiten ist es ideal. Nach dem Zweiten Weltkrieg oder bei der Wiedervereinigung hätte es kein besseres System geben können."[53]

3. „In Ostdeutschland kommt dazu, dass die Gewerkschaften die Löhne flächendeckend schneller ans Westniveau angeglichen haben, als dies gemäß der Arbeitsproduktivität geboten war. Es ist ja wohl kein Zufall, dass die Arbeitslosigkeit in Ostdeutschland seit Jahren deutlich höher liegt als in der tschechischen Republik, der Slowakei, Slowenien, Ungarn und Estland – alles Länder, die ohne Milliardentransfers aus dem Westen auskommen mussten und in denen die Löhne nicht schneller stiegen als die Produktivität."[54]

2. Sozialstaat

Sozialstaatsmodelle

In der vergleichenden Wohlfahrtsstaatenforschung wurden unterschiedliche Typologisierungen entwickelt.[55] Die einflussreichste von Gösta Esping-Andersen unterscheidet drei Typen des Wohlfahrtsstaates:[56]

1. Das „liberale" System, vorwiegend der angelsächsischen Welt, z. B. in USA, Kanada, Australien, Großbritannien, aber auch in Japan und ein Stück weit in der Schweiz. Hier hat der Markt Vorrang vor der Bekämpfung sozialer Ungleichheit und gegen die Armut wird nur indirekt das Instrument der Marktförderung eingesetzt. Der Staat

unternimmt direkt wenig gegen Armut. Absicherung geschieht überwiegend privat, Sozialhilfe hilft nur in ganz engem Rahmen sehr Bedürftigen und ist mit Stigmatisierung verbunden. Gleichzeitig ist das private Engagement im sozialen Bereich sehr hoch und auch das durchschnittliche Einkommen der Unterschicht höher als in Westeuropa.

2. Das „konservative" System Kontinentaleuropas, z. B. in Deutschland, Österreich, Frankreich und Italien. Hier betätigt sich der Staat sehr paternalistisch, versichert selbst oder gibt den Sozialversicherungen alle Eckdaten vor. Er bestätigt oder zementiert Klassen- und Statusunterschiede durch unterschiedliche Versicherungsmöglichkeiten, etwa für Arbeiter, Angestellte, Beamte und Selbstständige, und die Hauptlast der sozialen Absicherung trägt die Lohnarbeit, die dadurch die Arbeit und die durch sie erstellten Produkte verteuert.

3. Das „sozialdemokratische" System der skandinavischen Länder (das andere das „sozialistische" System nennen).[57] Hier sind alle Bürger gleichermaßen in staatlich gelenkten Sozialversicherungen eingebunden, die überwiegend aus Steuern finanziert werden. Zwei- bis dreimal so viele Menschen sind beim Staat angestellt, zum Teil nur, um sie abzusichern.

Das Sozialstaatsprinzip in Deutschland, Österreich und der Schweiz

Das Grundgesetz bestimmt in Artikel 20: „Die Bundesrepublik *Deutschland* ist ein demokratischer und sozialer Bundesstaat." Das Sozialstaatsprinzip ist damit als Staatsziel verankert und genießt neben der Garantie der Menschenwürde und der Menschenrechte den Schutz der so genannten „Ewigkeitsklausel" des Artikels 79 Abs. 3 des Grundgesetzes, darf also selbst mit größter Mehrheit des Bundestages nicht geändert werden. Zum Sozialstaatsprinzip kommt der berühmte Artikel 14 Abs. 2 hinzu: „Eigentum verpflichtet. Sein Gebrauch soll zugleich dem Wohle der Allgemeinheit dienen."

In Deutschland ist das Sozialversicherungssystem sehr kompliziert. Es gibt die Grundsicherung für Nicht-Erwerbsfähige und viele weitere Hilfen wie Wohngeld oder Kindergeld, die aus dem Steueraufkommen finanziert werden, sowie die Arbeitslosenversicherung und das Arbeitslosengeld, das ebenso wie Kranken-, Renten- und Pflegeversicherung weitgehend von Arbeitnehmern (durch Lohnabzüge) und Arbeitgebern paritätisch finanziert wird. Dazu kommen damit verwobene Versicherungen wie etwa die Künstlersozialkasse. Große Gruppen sind zudem ganz oder teilweise über eigene Versicherungssysteme abgesichert, wie etwa die Mitglieder der Privatkrankenkassen, Beamte oder Politiker, deren Pensionen aus Steuergeldern bezahlt werden.

In der *Schweiz* finden sich die Grundlagen der Sozialversicherung in der Bundesverfassung. In Art. 111 wird das so genannte „Drei-Säulen-System" beschrieben. In der ersten Säule, vorwiegend der „Alters- und Hinterlassenenversicherung" und der „Invalidenversicherung", sind alle Bürger pflichtversichert. Die zweite Säule wird durch Lohnabzüge finanziert und wie in Deutschland weitgehend paritätisch von Arbeitnehmern und Arbeitgebern bezahlt. Sie umfasst vorwiegend „berufliche Vorsorge" (meist „Pensionskasse" genannt), Unfallversicherung und Arbeitslosenversicherung, die alle freiwillig aufgestockt werden können. Die dritte Säule sind individuelle Zusatzversicherungen.

In *Österreich* ist das Sozialstaatsprinzip ebenfalls in der Verfassung, aber vor allem seit 1956 im umfangreichen „Allgemeinen Sozialversicherungsgesetz" verankert. Alle Bürger sind pflichtversichert, die meisten Bürger sind vollversichert mit Krankenversicherung, Pensionsversicherung und Unfallversicherung, die jedoch die 22 selbst verwalteten Mitglieder des Hauptverbandes der österreichischen Sozialversicherungsträger nach staatlichen Vorgaben durchführen. Die Arbeitslosenversicherung gehört direkt dem Staat.

Die drei Säulen des deutschen Sozialstaatsgedankens

Die drei Grundlagen des sozialen Sicherungssystems in Deutschland sind, wenn man den Lehrbüchern folgt, (1) Eigenverantwortung, (2) Solidarität und (3) Subsidiarität.[58]

Die Eigenverantwortung erwartet von jedem, der dazu in der Lage ist, dass er sich selbst und seine Familie versorgt oder die Voraussetzungen dafür schafft, etwa durch Bildung oder Arbeitsplatzsuche. Zur Eigenverantwortung gehört aber auch das Engagement des Bürgers in Strukturen der Demokratie, Selbstverwaltungsorganen und der Zivilgesellschaft, also etwa in Vereinen.

Solidarität ist das Gegenstück dazu. Solidarität wird nicht nur von jedem Bürger erwartet (etwa indem er Beiträge zur Sozialversicherung zahlt), sondern kommt ihm auch zu, grundsätzlich, indem Gesellschaft und Staat ihm das Leben ermöglichen (z. B. durch Straßen, Schulen, Krankenhäuser) und speziell in Notsituationen, gleich ob sie unerwartet auftreten (z. B. Unfall, Krankheit) oder regelmäßig (z. B. Alter, Kleinkinderzeit). Es ist unschwer zu erkennen, dass Solidarität eine säkularisierte Form der christlichen Nächstenliebe darstellt. Nicht zufällig ist Solidarität sowohl ein zentraler Begriff der evangelischen Ethik wie spätestens seit 1892 der päpstlichen Sozialenzykliken und damit der katholischen Soziallehre.[59]

Subsidiarität meint, dass die höheren Ordnungen gegenüber den niedrigeren Ordnungen zurückstehen, wenn diese selbst Hilfe (*subsidium*) leisten können. Der Staat in die zweite Reihe tritt, wenn die Bürger sich selbst helfen können. Subsidiarität bezeichnet den Vorrang freier Träger und unterer (etwa kommunaler) Ebenen vor dem Zentralstaat, der sich zurückhält, solange er nicht zwingend notwendig ist, und der Bürgernähe Vorrang einräumt. Es geht um die Unterstützung von Familien, Gruppen, Vereinen und der Menschen und lokale und kommunale Träger, also um die Beteiligung der Zivilgesellschaft gegen Zentralisierung, Bürokratisierung und Allmacht beziehungsweise Allpräsenz des Staates.

Mit der Subsidiaritätslehre ist ein Teil der katholischen Soziallehre in den 1950er Jahren zu einem der Leitmotive deutscher Politik geworden, auch wenn es die Subsidiarität auch weniger ausgeprägt in anderen europäischen Ländern gibt und Subsidiarität seit 1992 Primärrecht der EU im Umgang mit ihren Mitgliedsstaaten und ihren Zivilgesellschaften ist.

Eine deutsche Besonderheit liegt im Gefolge der Subsidiarität in der Stellung der Freien Wohlfahrtspflege im Sozialstaat, wie sie jetzt im Sozialgesetzbuch XII, § 5 u. ö. beschrieben wird. Die Wohlfahrtsverbände und ihre Einrichtungen sind den öffentlichen Trägern von Sozialleistungen eng verbunden, vor allem den Kommunen. Zu den Kostenträgern bestehen versorgungsvertragliche Bindungen. Die Wohlfahrtsverbände in Deutschland sind

- der Caritas-Verband (katholisch),
- das Diakonische Werk (evangelisch),
- das Deutsche Rotes Kreuz (DRK),
- die Arbeiterwohlfahrt (AWO),
- der Deutsche Paritätische Wohlfahrtsverband (DPWV) und
- die Zentralwohlfahrtsstelle der Juden in Deutschland.

Kirchliche Stimmen: (Päpstlicher Sozialrat) „Allgemeine Bestimmung der Güter und vorrangige Option für die Armen"

„Das Prinzip von der allgemeinen Bestimmung der Güter erfordert, dass man mit besonderer Aufmerksamkeit auf die Armen achtet, auf die, die sich am Rand befinden, und auf die Personen, die in irgendeiner Weise durch ihre Lebensbedingungen an der ihnen gebührenden Entfaltung gehindert werden. In diesem Zusammenhang muss die vorrangige Option für die Armen mit allem Nachdruck unterstrichen werden: ‚Dies ist eine Option oder ein besonderer Vorrang in der Weise, wie die christliche Liebe ausgeübt wird; eine solche Option wird von der ganzen Tradition der Kirche bezeugt. Sie bezieht sich auf das Leben eines jeden Christen, insofern er dem Leben Christi nachfolgt; sie gilt aber gleichermaßen für unsere sozialen Verpflichtungen und daher auch für unseren Lebensstil sowie für die entsprechenden Entscheidungen, die hinsichtlich des Eigentums und des Gebrauchs der Güter zu treffen sind. Heute muss angesichts der weltweiten Bedeutung, die die Soziale Frage erlangt hat, diese vorrangige Liebe mit den von ihr inspirierten Entscheidungen die unzähligen Scharen von Hungernden, Bettlern, Obdachlosen, Menschen ohne medizinische Hilfe und vor allem ohne Hoffnung auf eine bessere Zukunft umfassen."[60]

Hartz IV

Mit den seit 2003 umgesetzten Hartz I bis IV-Reformen und den fortlaufend revidierten neuen Teilen des Sozialgesetzbuches wurde in Deutschland sowohl das traditionsreiche Bundessozialhilfegesetz abgeschafft als auch die jahrzehntelange Praxis der Arbeitslosenversicherung grundlegend geändert. Ein am früheren Gehalt bemessenes Arbeitslosengeld gibt es seitdem nur noch für zwölf, in bestimmten Fällen für 18 Monate. Danach tritt an diese Stelle das Arbeitslosengeld II als Grundsicherung, das für alle Erwerbsfähigen prinzipiell gleich bemessen wird.

Die „Grundsicherung im Alter und bei Erwerbsminderung" ist dagegen eine als weitgehender Ersatz der früheren Sozialhilfe eingeführte soziale Leistung zur Sicherstellung des Lebensunterhalts für Personen, die durch Alter, Erwerbsminderung oder Erwerbsunfähigkeit auf Dauer aus dem Erwerbsleben ausgeschieden sind und ihren Lebensunterhalt nicht selbst bestreiten können. Sie ist „subsidiär" (nachgeordnet), das heißt, dass alle anderen Sozialleistungen erst in Anspruch genommen werden müssen, da sie nur als Notbehelf und letztes Mittel gedacht ist.

Grundsicherung

Unter Grundsicherung versteht man die Absicherung eines existenzsichernden Einkommens unabhängig von der Lebenslage und davon, ob eigenes oder fremdes Verschulden zu einer existenzgefährdenden Notsituation geführt haben. Es gibt die politische Forderung der Grundsicherung und in verschiedenen Ländern jeweils die Durchführung für jedermann, für alle im Alter oder für sozial Schwache. Seit 2003 ist „Grundsicherung" zum rechtlichen Fachausdruck für das geworden, was man früher Sozialhilfe und Arbeitslosenhilfe nannte, auch wenn die gesetzlich verankerte Grundsicherung nicht alle Lebenslagen von jedermann abdeckt.

Die Folgen von Hartz IV

Was hat Hartz IV verändert? „Sicher ist: Die Arbeitslosenzahlen sinken. Es stimmt auch, dass die Statistik mehr Arme ausweist. Aber: Die Armut gibt es schon viel länger, sagt Klaus-Dieter Kottnik, der designierte Präsident des Diakonischen Werkes. ‚Hartz IV hat nur noch viel deutlicher gemacht, dass es arme Menschen gibt.' Rund sieben Millionen Menschen leben heute von Hartz IV. Das heißt von maximal 345 € im Monat Regelsatz plus Miete und Heizkosten. Ursprünglich hatte die damalige (...) Regierung mit 2,7 Millionen Bedarfsgemeinschaften gerechnet. Tatsächlich lag die Zahl schon beim Start bei 3,3 Millionen und kletterte in den Folgemonaten bis auf vier Millionen. Dahinter steckte nicht nur ein starker Anstieg der Arbeitslosigkeit im vergangenen Jahr. Auch tauchten mit einem Mal zahlreiche Menschen in der Statistik auf, die vormals aus Unkenntnis oder Scham nicht zum Sozialamt gegangen sind. Verdeckte Armut ist somit sichtbar geworden."[61] Generell kann man sagen, dass die Lage der Betroffenen nicht schlechter ist, auch wenn es durch die neue Gesetzgebung Verschiebungen, also Gewinner und Verlierer gegeben hat.

Viel entscheidender sind aber die Veränderungen der Gesamtlage. Nach einem vorübergehenden Anstieg ging 2006 endlich wie erwartet die Zahl der Langzeitarbeitslosen zurück. „Wichtiger noch: Es stürzen weitaus weniger Menschen in die Langzeitarbeitslosigkeit als vor der Reform. So sind in den vergangenen zwölf Monaten nur noch 330 000 Arbeitslose vom Arbeitslosengeld I in die Langzeitarbeitslosigkeit abgerutscht. Vor zwei Jahren waren es noch mehr als 800 000. (...) Erwerbslose bemühen sich deshalb nach Kräften, schon vor dem Auslaufen des Arbeitslosengeldes I einen neuen Job zu finden." Und schließlich hat Hartz IV „auch einen Mentalitätswandel bewirkt. Die Ansprüche sind gesunken. Heute nimmt man auch einen Job, der schlechter bezahlt wird als der frühere, akzeptiert weitere Anfahrtswege und macht zur Not auch Zeitarbeit."[62]

„Dunkelziffer der Armut"

Eine der Ergebnisse der Hartz IV-Gesetze war, dass wegen der zunehmenden Vermeidung des Begriffes „Sozialhilfe", dem ein Ruf der Peinlichkeit anhing, und wegen der erheblichen Reduzierung der Rückgriffsmöglichkeiten auf das Vermögen der Verwandtschaft (wesentlich höhere Freibeträge), sich viele Anspruchsberechtigte erstmals für die beiden neuen Arten der Grundsicherung meldeten. Dadurch wurde die sog. „Dunkelziffer der Armut", das heißt der Menschen in Armut, die sich nie bei einer Sozialbehörde melden, erheblich reduziert. Die Frage, wie hoch die verbleibende Dunkelziffer tatsächlich ist, ist stark umstritten.[63]

Ist Hartz IV zu niedrig? Ja, aber ...

Wie hoch sind die Regelsätze der Hartz IV-Versorgung?

ALG II-berechtigte Personen in einer Bedarfsgemeinschaft	Regelsatz
Alleinstehende oder alleinerziehende Person	345 €
Person mit minderjährigem Partner	345 €
Zwei volljährige Partner jeweils	311 €
Kind 15–17 Jahre, 18–25 Jahre im Haushalt der Eltern	276 €
Kind 0–13 Jahre	207 €

Zuzüglich Mehrbedarf:	Regelsatz
Alleinerziehende (1 Kind unter 7 Jahre oder 2 Kinder unter 16 Jahre)	124 €
Alleinerziehende mit mehr als 2 Kindern – pro Kind	41 €
Schwangere ab 13. Woche	59 €
Erwerbsfähige Behinderte	121 €
Erwerbsunfähige Schwerbehinderte zusätzlich	59 €

Der aktuelle Regelsatz von 345 € setzt sich nach Empfehlungen bzw. Dienstanweisungen der Bundesanstalt für Arbeit etwa wie folgt zusammen:

Lebensbereich	Anteil	Betrag
Nahrung, Getränke, Tabakwaren	ca. 38 %	131,10 €
Bekleidung, Schuhe	ca. 10 %	34,50 €
Wohnung (ohne Mietkosten), Strom, etc.	ca. 8 %	27,60 €
Möbel, Apparate, Haushaltsgeräte	ca. 8 %	27,60 €
Gesundheitspflege	ca. 4 %	13,80 €
Verkehr	ca. 6 %	20,70 €
Telefon, Fax	ca. 6 %	20,70 €
Freizeit, Kultur	ca. 11 %	37,95 €
Beherbergungs- und Gaststättenleistungen	ca. 3 %	10,35 €

Sonstige Waren und Dienstleistungen	ca. 6 %	20,70 €
Gesamt	100 %	345,00 €

Neben diesen Regelleistungen werden angemessene Wohnungs- und Heizkosten erstattet. Sie sind von der Anzahl der Personen im Haushalt und von den lokalen Gegebenheiten abhängig und betragen etwa in Berlin bei vier Personen 619 € (Warmmiete).

Die Frage, ob man von den Beiträgen der Sozialhilfe, der Grundsicherung oder von Arbeitslosengeld II wirklich leben kann, ist umstritten. Die Bedarfsrechnung der Regierung geht von utopischen Durchschnittsbeträgen aus, die zum Teil zu hoch und zum Teil zu niedrig (z. B. 1,41 € Spielzeug pro Monat für Kinder unter 15 Jahre) sind. Der Paritätische Wohlfahrtsverband hat 2006 eine eigene, sicher realistischere Rechnung aufgemacht und geht davon aus, dass das Arbeitslosengeld II und das Sozialgeld für Kinder wenigstens 20 % höher sein müssten. Sie schlagen vor, den Regelsatz von 345 € auf 415 € anzuheben.

Allerdings hat eine Erhöhung der Regelsätze der Grundsicherung den Nachteil, dass die Betroffenen dann mehr Geld erhalten als viele, die ein Einkommen im Niedriglohnsektor verdienen, wie dies jetzt sowieso schon bei einer mehr als dreiköpfigen Familie der Fall ist. Hier ist der Staat gezwungen, einen Kompromiss zu finden. Senkt er den Anspruch zu stark ab, reicht das Geld tatsächlich nicht zum Leben, lässt er ihn zu stark steigen, verringert er das Interesse im Niedriglohnsektor, überhaupt noch zu arbeiten oder Arbeit zu suchen.

Im Rahmen ihrer grundsätzlichen Kritik, dass die sozialen Transferzahlungen in Deutschland zu niedrig und zu unflexibel berechnet sind[64], schreibt selbst der Rat der Evangelischen Kirche in Deutschland (EKD) dennoch: „Andererseits machen die genannten Transferzahlungen auch das Problem deutlich, dass der Abstand zwischen dem Nettoeinkommen einer Fürsorgeleistungen empfangenden Familie einerseits und andererseits einem in einer niedrigen Tarifstufe regulär Beschäftigten oft gering ist. Die als Anreiz zur Aufnahme einer Arbeit sinnvollen Zuverdienstmöglichkeiten des ALG II verringern diesen Abstand weiter. Fürsorgeleistungen werden pro bedürftiger Person, Erwerbseinkommen aber nur pro Erwerbstätigem gezahlt. Dadurch kommt es insbesondere im Bereich der Familien zu nicht unproblematischen Konstellationen, in denen die Summe der Einzelzahlungen der reinen Fürsorgeleistungen unter Umständen höher liegt als das Nettoeinkommen eines in Vollzeit Arbeitenden, von dem eine ganze Familie ernährt wird. Aus diesem Grund ist es nachvollziehbar, dass die Frage nach der Motivation für die Aufnahme oder Fortführung einer Erwerbsarbeit in solchen Fällen öffentlich gestellt wird."[65] Hier liegt wohl der eigentliche Handlungsbedarf für die Sozialpolitik, um eine große soziale Ungerechtigkeit zu beenden.

Man darf auch nicht vergessen: Die Lebenshaltungskosten in den westlichen Industrieländern sind unglaublich hoch und darunter befinden sich viele Ausgaben, die man gar nicht vermeiden kann oder darf. Besonders ironisch ist, dass viele der unvermeidlichen Ausgaben oder Ausgabenanteile staatlich oder gesetzlich verpflichtende Leistungen sind, wie Umsatz- oder Kraftfahrzeugsteuer, Unfallversicherungen, Teile der Mietnebenkosten, Personalausweisgebühren und vieles mehr, da man nur einen Teil von ihnen, wie etwa die Fernsehgebühren, erlassen bekommt, wenn man ein geringes Einkommen hat. Statt also die Grundsicherungssätze zu erhöhen, sollte der Staat aufhören, immer neue Steuern, Quasisteuern, Zwangsabgaben, Gebühren usw. zu erfinden oder ständig zu erhöhen. Eine Streichung von solchen Abgaben zusammen mit einer Entbürokratisierung auf breiter Front käme auch den Armen zugute.

Balance zwischen Eigenverantwortung und Solidarität

Sowohl Wirtschafts- und Sozialpolitik als auch die christliche Ethik stehen vor einem Spannungsverhältnis zweier zentraler Säulen einer freiheitlichen Gesellschaft. Zum einen ist jeder dafür verantwortlich, dass er mit „seiner eigenen Hände Arbeit" den Lebensunterhalt für sich (Psalm 128,2; 1. Korinther 4,12; Epheser 4,28) und seine Familie erwirtschaftet (1. Timotheus 5,8 ff). Zum anderen ist jeder einzelne zur Nächstenliebe aufgefordert (3. Mose 19,18; Matthäus 19,19 u. ö.) und der Staat zur Gerechtigkeit und Solidarität verpflichtet (Römer 13,1-7) und zudem auch dazu, die Voraussetzung zu schaffen, dass jeder auch tatsächlich Arbeit finden kann.

Biblische Stimme

„Wer gestohlen hat, der stehle nicht mehr, sondern arbeite und schaffe mit eigenen Händen das nötige Gut, damit er dem Bedürftigen abgeben kann." (Epheser 4,28)

Beide Seiten – Eigenverantwortung und Solidarität – müssen ständig betont und sichergestellt werden, keine Seite kann auf Dauer ohne die andere leben. Seit Hartz IV nennt man das in der bundesdeutschen Politik „aktivierender Sozialstaat" oder „fordern und fördern" – eine grundsätzlich richtige Marschrichtung. Dies gilt beispielsweise für den Arbeitsfähigen, der statt zu arbeiten lieber staatliche Transferleistungen für seinen Lebensunterhalt zugrunde legt. Ebenso gilt das für den Politiker, der für zukunftssichere Pensionen für sich und seinesgleichen sorgt, die sich in dieser Höhe nicht durch seine Arbeitsleistung begründen lassen.

Der Vorsitzende der Deutschen Bischofskonferenz, Karl Kardinal Lehmann, spricht für alle Christen, wenn er sagt: „Diese neue Balance zwischen Solidarität und Eigenverantwortung ist der Kern."[66] Ähnlich schreibt der Rat der Evangelischen Kirche für Deutschland: „Es kann deswegen nicht allein um ‚Umverteilung' gehen – sondern um intelligente Kombinationen von ökonomischer Effizienz und sozialer Sicherung."[67]

Ein Beispiel für die ganze Problematik sind Drogenabhängige, vor allem Heroin- und Opiatabhängige, die fast ausnahmslos in der Statistik als Arme und Armutsgefährdete erscheinen. Einerseits können weder der Staat noch die Kirche sie einfach ihrem Schicksal überlassen. Andererseits kann man aber auch nicht einfach sagen, dass die Gesellschaft, die Wirtschaft oder die Globalisierung an ihrem Schicksal schuld seien und man von ihnen nicht wenigstens den Versuch erwarten dürfe, ihre Lebenssituation zu ändern. Die Bundesregierung stellt 2005 fest: „Strukturen verfestigter Armut sind überdurchschnittlich häufig bei Suchtkranken anzutreffen. Dabei ist aber nicht abgrenzbar, ob für diese Situation die Suchterkrankung als ursächlich anzusehen oder die Suchterkrankung Folge dieser Situation ist."[68]

„Bei Opiatabhängigen waren 2002 41,6 % der Frauen und 51,1 % der Männer in ambulanter Behandlung arbeitslos, ebenso 45,9 % der opiatabhängigen Frauen und 48,8 % der opiatabhängigen Männer in stationären Einrichtungen."[69] Ein Heroinabhängiger braucht aber etwa 18 000 € pro Jahr für seine Sucht, was zeigt, dass er rechnerisch eigentlich nicht armutsgefährdet sein kann, es aber ist, weil die Beschaffungskriminalität natürlich nicht erfasst wird, und dass geldliche Sozialleistungen ihm wenig nützen. Gefragt sind hier viel gezieltere Konzepte als generelle Armutsanalysen.

Die christliche Ethik des Mittelalters unterschied zu Recht zwischen „verschuldeter" und „ehrbarer", „unverschuldeter"

Armut. „Diese Frage: ‚Ist Armut eine Sache des nicht Wollens oder des nicht Könnens?' ist in der Fachwelt heiß umstritten ..."[70]. Dennoch muss immer wieder neu versucht werden, dies für den Einzelfall zu klären, auch wenn es für den Staat eine immense Aufgabe bedeutet.

Missbrauch?

Interessant ist noch die Frage, wie hoch der Missbrauch der Sozialleistungen in Deutschland ist, der seit Hartz IV ja strenger eingedämmt werden soll. „Nach empirischen Befunden beträgt die Quote des Missbrauchs von Sozialleistungen (...) seit Jahren konstant zwei bis drei Prozent."[71] Insofern ist die Frage, ob markige Worte der Spitzenpolitiker wirklich etwas anderes als Populismus sind, etwa wenn der damalige Bundeskanzler Gerhard Schröder ganz in der Tradition seines Vorgängers Helmut Kohl in der Regierungserklärung März 2003 zur „Agenda 2010" sagte: „Niemand wird es künftig gestattet sein, sich zu Lasten der Gesellschaft zurückzulehnen." Das ist natürlich theoretisch korrekt, erweckt aber den Eindruck, als geschehe das massenhaft gegen geltendes Recht.

Man muss deutlich zwischen Missbrauch gegen geltendes Recht und dem – möglicherweise moralisch anstößigen – Ausnutzen dessen unterscheiden, was der Gesetzgeber oder die Gerichte ermöglichen. Ersteres kann man nur durch gute Kontrollsysteme und Strafen eindämmen, letzteres aber nur, indem man bessere Gesetze macht, nicht durch populistische Parolen.

Zur Bürgerversicherung

Zu fordern ist „eine allgemeine, einheitliche und solidarische Bürgerversicherung"[72]. Allgemein und einheitlich, weil sie Kranken-, Pflege- und Rentenversicherung nach gleichen Prinzipien behandelt, solidarisch, weil sie ertragsstarken Beitragszahlern keine Sondersysteme gestattet, und

*Bürger*versicherung, weil sie alle Bürger gleichermaßen umfasst, also frühere Unterscheidungen, die die geschichtliche Entwicklung eigentlich überholt hat, wie Arbeiter, Angestellte oder Beamte, nicht berücksichtigt. Bei einer Bürgerversicherung (Volksversicherung) sind Beitragspflichten und Leistungsrechte nicht an den Arbeitnehmerstatus geknüpft, sondern an den Bürgerstatus, auch wenn das Einkommen über die Höhe der Beiträge entscheidet.

Die Finanzierung der gesetzlichen Krankenversicherung leidet darunter, dass die Bürger mit den höchsten Einkommen und bester Gesundheit zu einem großen Teil nicht in der Solidarversicherung versichert sind. Außerdem leidet sie darunter, dass ein Großteil von Einkünften aus Miet-, Zins- und Kapitaleinkünften dafür nicht erfasst werden. Warum aber sollen Beamte, Politiker, Selbstständige, Aktionäre und Gutverdienende von einer Solidarversicherung ausgeschlossen sein? Jeder Betuchte könnte ja neben der gesetzlichen Bürgerkrankenversicherung beliebig viele weitere Zusatzversicherungen abschließen und zusätzliche Behandlungen ggf. direkt finanzieren. Mit diesen Gedanken kann allerdings ein hochkomplexes Thema nur vereinfachend angestoßen werden.

Das deutsche Gesundheitssystem ist etwa ein Viertel bis ein Drittel teurer als in Nachbarländern, ohne dass dem eine entsprechende Qualitätssteigerung gegenüberstünde. Die OECD kam 2003 für 2001 zu dem Schluss, dass die Gesamtausgaben des Gesundheitssystems in Deutschland 10,7 % des Bruttosozialproduktes ausmachten, in Finnland dagegen 7 %, in Spanien 7,5 % und in Frankreich 10,5 %.

Österreich hat eine Bürgerversicherung im engeren Sinne seit 1920. Die *Schweiz* kennt ebenfalls eine Bürgerversicherung, hat aber ein komplizierteres Versicherungssystem. Alle zahlen eine Kopfpauschale, 30 % sind Zuschüsse aus Steuermitteln, dazu kommt das kapitalgedeckte AHV-Rentensystem (s. oben S. 58) mit Grundrente für jeden.

Niedriglohnsektor

Nach der international üblichen Niedriglohndefinition, nämlich höchstens zwei Drittel des mittleren Einkommens (des so genannten „Medianeinkommens"), arbeiten in Deutschland 21 % (17 % im Westen, 40 % im Osten) der Erwerbstätigen für Niedriglohn, nämlich in Westdeutschland für höchstens 9,83 € brutto pro Stunde oder in Ostdeutschland für höchstens 7,15 €. „Gemessen an den Bruttolöhnen ist dieser Bereich seit Ende der 90er Jahre deutlich größer geworden. Das hängt in starkem Maße mit der Zunahme der Zahl geringfügig Beschäftigter zusammen. Sie erhalten meist relativ niedrige Bruttolöhne, müssen darauf aber auch keine Abgaben entrichten. Bezogen auf die Nettolöhne ist der Anteil der Beschäftigten im Niedriglohnsektor kaum gewachsen."[73]

Mindestlohn

In vielen Fällen sind die auf dem Markt erzielbaren Löhne kaum höher als die staatlichen Unterstützungsleistungen für Arbeitslose oder Sozialhilfeempfänger, insbesondere, wenn mehrere Familienglieder staatliche Unterstützung erhalten. Mitunter liegt die Unterstützung sogar über der Niedriglohngrenze, am ehesten in Ostdeutschland. Deshalb und aus allgemeinen sozialpolitischen Erwägungen wird die Einführung von Mindestlöhnen gefordert. Die Einwände der Gegner dieser Forderung sind: 1. Dies hätte deutliche Auswirkungen auf das gesamte Lohngefüge, d. h. höhere Löhne müssten auf ganzer Breite angehoben werden. 2. Mindestlöhne würden vor allem kleine Betriebe betreffen und viele leicht in Konkurs treiben oder zu Entlassungen veranlassen.

3. Angesichts der Globalisierung mit ihrem gnadenlosen Wettbewerb gerade im Niedriglohnsektor müssen eher viel mehr als weniger Niedriglohnjobs geschaffen werden. 4. Die Maßnahme schafft keine neuen Arbeitsplätze, lässt aber die Zahl der Arbeitslosen steigen. Man argumentiert also: „Lieber zu wenig verdienen als gar nichts". An dieser Stelle setzt der Vorschlag an, dass der Staat Niedriglöhne aufstockt.

De facto wirkten die frühere Sozialhilfe und wirken gegenwärtig die Grundsicherungen einschließlich des Arbeitslosengeldes II wie ein Mindestlohn, weil kaum jemand bereit ist, für weniger Lohn zu arbeiten, wenn er denselben Betrag auch ohne Arbeit erhalten kann.

working poor

Internationaler Begriff für Arbeitende, die trotz eines Arbeitsplatzes arm sind beziehungsweise trotz (Niedrig-) Lohn sozial unterstützt werden müssen oder müssten. Während früher Armut und Fehlen eines Arbeitsplatzes meist identisch waren, nimmt die Zahl der *working poor* zu. In Deutschland beziehen derzeit etwa. eine Million Menschen trotz einer Arbeitsstelle ergänzendes Arbeitslosengeld II.

Das Aussterben des Niedriglohnsektors ist ein wesentlicher Grund, warum immer mehr Menschen ohne Berufsausbildung und mit niedrigen Abschlüssen arbeitslos und armutsgefährdet werden. Hier werden sich auch die größten Probleme der Zukunft auftun. Denn: „Es werden vor allem Menschen auf den unteren Lohnstufen aus dem Markt gedrängt."[74]

Das liegt kaum an Entwicklungen in Deutschland, also weder an den Unternehmern noch am schwindenden Einfluss der Gewerkschaften, sondern an der Globalisierung. Je mehr die Welt zusammenrückt, je leichter sich Produkte irgendwo in der Welt herstellen lassen, desto mehr wandert die Produktion dorthin, wo Löhne niedrig sind. Während das Kapital sich Orte sucht, wo billig produziert werden kann, suchen sich die Erwerbstätigen Orte, wo sie für gleiche Arbeit mehr Geld bekommen oder wo sie mehr verdienen können – und ziehen etwa aus den neuen in die alten Bundesländer. Und die Konsumenten sind nicht bereit, teurere Produkte zu kaufen, um damit Arbeitsplätze in Deutschland zu halten, sondern kaufen Produkte zu aberwitzig günstigen Preisen bei Discountern, die nur so günstig sein können, weil sie in Ländern mit Niedriglöhnen und ohne Sozialversicherung produziert werden.

Kirchliche Stimmen (Rat der EKD)
Gerechtigkeit: Begabung – Ausbildung – Beruf
„Eine gerechte Gesellschaft muss so gestaltet sein, dass möglichst viele Menschen tatsächlich in der Lage sind, ihre jeweiligen Begabungen sowohl zu erkennen als auch sie auszubilden und schließlich produktiv für sich selbst und andere einsetzen zu können."[75]

Gabor Steingart fragt, wer denn die Konkurrenten der Arbeitslosen in Deutschland sind. Er zählt auf:
1. Maschinen und Computer,
2. billigere Arbeitskräfte in Fernost und Osteuropa,
3. Schwarzarbeiter und
4. Privathaushalte, die aufgrund der hohen Kosten immer mehr Arbeiten selbst ausführen (Do-it-yourself).

Er schreibt: „Noch zu Beginn der 70er Jahre hatten fast alle Ungelernten einen Arbeitsplatz. Das Neue ist nicht, dass die einen qualifiziert und die anderen ungelernt sind. Das war schon immer so. Das Verhältnis von Talentierten und Minder-bemittelten hat sich nicht verändert. Neu ist, dass die Unge-lernten austauschbar geworden sind. In ihrem Marktsegment herrscht weltweit ein Gedränge und Geschubse wie nie zuvor in der Menschheitsgeschichte."[76]

Allerdings gibt es natürlich auch innerdeutsche Entwick-lungen, die daran schuld sind, dass es so teuer geworden ist, Menschen selbst für einfache Arbeiten einzustellen oder Menschen anzustellen, die bewusst keine hohe Bezahlung wollen. Nehmen wir das Beispiel von Hilfswerken und Ver-einen. Noch vor 30 Jahren war es leicht und günstig für einen gemeinnützigen Verein, Leute einzustellen, die etwas Gutes taten. Heute kann derselbe Verein oft bei gleicher Finanzkraft nur noch ein Drittel der Leute anstellen oder kann es sich überhaupt nicht leisten, denn nicht nur die Abgaben sind gestiegen, sondern vor allem der bürokra-tische Aufwand, die Steuerberaterkosten und vieles mehr, was nun aus Spendenmitteln getragen werden muss.

Man darf auch nicht vergessen, dass Deutschland nicht nur ein wohlhabendes Land ist, sondern das Land, in dem Arbeitskräfte zeitlich die wenigsten Stunden pro Jahr arbei-ten müssen und diese den höchsten Prozentsatz an Nichter-werbstätigen mitfinanzieren. Ob unser Wohlstand auf Dauer zu halten sein wird, wenn nicht Jahres- und Lebensarbeits-zeit des Einzelnen im Durchschnitt steigen, ist zweifelhaft. In Korea arbeitet ein Beschäftigter 60 % mehr Stunden pro Jahr als in Deutschland, in der Slowakei und der Tsche-chischen Republik 30 % mehr. In Deutschland arbeiten Be-rufstätige im Schnitt 1500 Stunden pro Jahr, in den USA 1850, in Großbritannien 1750, in der Schweiz 1610. Deutschland ist damit Schlusslicht aller westlichen Industrienationen. Die durchschnittliche tarifliche Arbeitszeit betrug 2005 in Deutsch-land im Schnitt 37,3 Stunden pro Woche in den alten und 39,0 Stunden in den neuen Bundesländern.

Biblische Stimmen:
„Der Arbeiter ist seines Lohnes wert"

„Der Arbeiter ist seines Lohnes wert" (1. Korinther 9,9; Lukas 10,7; vgl. 5. Mose 25,4) ist eine der grundlegenden Aussagen des Alten und Neuen Testaments. Es macht jede Arbeit wertvoll und verpflichtet zu gerechter Bezahlung, die nicht vorenthalten werden darf (Markus 10,19; 5. Mose 24,14; 3. Mose 19,13; Jakobus 5,4). Das Gebot wird im Neuen Testament gleichermaßen als Verpflichtung der Kirche gegenüber den Ältesten (1. Timotheus 5,17-18) wie als Grundsatzkritik an Unternehmern und am Materialismus verstanden: „Siehe, der von euch vorenthaltene Lohn der Arbeiter, die eure Felder geschnitten haben, schreit, und das Geschrei der Schnitter ist vor die Ohren des Herrn Zebaoth gekommen" (Jakobus 5,4). Den Lohn nicht oder nicht vollständig auszuzahlen ist schlimmster Diebstahl: „Ihr sollt nicht stehlen (…) und ihr sollt euch nicht gegenseitig betrügen. (…) Du sollst deinen Nächsten nicht unterdrücken und sollst ihn nicht berauben: Der Lohn des Tagelöhners darf nicht bei dir über Nacht bis zum Morgen bleiben" (3. Mose 19,11-13). Überhaupt warnt das Alte Testament häufiger, auf dem Weg des geringen Lohnes andere zu unterdrücken: „Du sollst deinen Nächsten nicht unterdrücken und sollst ihn nicht berauben …" (3. Mose 19,13); „Du sollst den bedürftigen und armen Lohnarbeiter nicht unterdrücken, gleich ob er zu deinen Brüdern oder zu deinen Fremden gehört, die in deinem Land, in deinen Toren [= unter deiner Gerichtsbarkeit] leben. Du sollst ihm seinen Lohn am selben Tag geben, und die Sonne soll nicht darüber untergehen, weil er bedürftig ist und sehnsüchtig danach verlangt, damit er nicht wegen dir zum Herrn schreit und sich Sünde bei dir findet" (5. Mose 24,14-15; vgl. Jeremia 22,13).

Der Blick auf China und Indien

1997 bis 2003 haben sich die deutschen Importe aus Niedriglohnländern verdoppelt. Gabor Steingart hat in seinem Buch „Weltkrieg um Wohlstand" ausführlich dargelegt, dass die Herausforderung der Zukunft im Milliardenheer der Arbeitswilligen in China und Indien liegt. „Einer der größten Irrtümer unserer Tage liegt darin, zu glauben, dass die Millionen von Wanderarbeitern in China und die Tarifangestellten in Wolfsburg und Detroit nichts miteinander zu schaffen hätten."[77]

2006 hat China die USA als Export-Vizeweltmeister abgelöst. Nach Expertenprognosen wird China mit 1,4 Billionen Dollar (eine Billion Euro) Ausfuhrumsatz Deutschland 2008 als Export-Weltmeister ablösen. Mit den darin enthaltenen 300 Milliarden Dollar für Elektronikartikel dominiert China in diesem Zukunftsmarkt bereits die Weltwirtschaft. Schon 2035 dürften China und Indien mit ihrer Kaufkraft den Weltmarkt beherrschen. China produziert vier Millionen Hochschulabsolventen pro Jahr, Indien drei Millionen Sie werden den Forschungsmarkt der Zukunft bestimmen.

Doch die deutsche und europäische Politik schläft und beschäftigt sich lieber mit kleinlichen Verteilungskämpfen und Lobbypolitik. Dabei gilt: „Setzt sich der Preisverfall auf den internationalen Arbeitsmärkten fort, sind die westeuropäischen Produktionsstandorte in der heutigen Vielzahl nicht zu halten. Europa steht bevor, was Amerika schon hinter sich hat: die Halbierung der heimischen Industrie."[78] Darauf sind Deutschland und Europa nicht vorbereitet, obwohl dies unmittelbar auf die Frage des Armutsrisikos ganzer Bevölkerungsgruppen Auswirkungen haben wird.

75 % der Weltbevölkerung haben keine Arbeitslosen- oder Krankenversicherung. Das macht alle Produkte, die sie produzieren, billiger. Das ist natürlich Unrecht. Aber die deutsche und europäische Politik darf nicht nur mit Forderung nach mehr weltweiter Sozialversicherung reagieren, sondern muss

auch Strategien entwickeln, wie sie auf die billige Produktion aus dem Ausland reagiert, die hier massenhaft Arbeitsplätze im unteren Lohnsegment vernichtet.

Shareholder Value als Gefahr

Shareholder Value bezeichnet allgemein den Wert, den ein Unternehmen für seine Aktionäre und Gesellschafter hat. Als Schlagwort der Unternehmenspolitik bezeichnet es speziell den Versuch, alle Zweige und Ebenen eines Unternehmens konsequent auf Möglichkeiten der Wertsteigerung und damit Vermögensmehrung der Inhaber zu untersuchen und diesen Vorrang vor anderen Belangen (z. B. Stabilität, hohe Zahl an sicheren Arbeitsplätzen, Einsatz für moralische Werte) ein-zuräumen. Als Gegenentwurf gilt der Ansatz des *Stakeholder Values,* der die Belange aller Interessengruppen (z. B. Inhaber, Arbeitnehmer, Kunden, Umwelt) berücksichtigt, der aber nur langfristig gesehen auch den Aktionären und Gesellschaftern größere Werte und Sicherheiten bietet.

Die Fixierung auf den *Shareholder Value* hat weit reichende und unsoziale Konsequenzen. Wir leben, wie es selbst Soziologen sagen, in einem „Zeitalter der Gier". Kapitaleigentümer wollen immer höhere Rendite, und zwar kurzfristige Rendite, und ziehen damit häufig notwendiges Kapital aus den Firmen ab. Früher wurden 2–5 % jährliche Rendite für börsennotierte Firmen erwartet, heute geben amerikanische Börsengurus oft zweistellige Renditen vor. Das hat unterschiedlichste negative Folgen, etwa auch für die Qualität der Waren. Ingenieuren wird Rendite und damit der Zeitplan für Forschung, Entwicklung und Testen vorge-geben – Pfusch wird dabei bewusst in Kauf genommen. Das führt zu den bekannten, immer gigantischeren (und teureren) Rückrufaktionen. Die frühere Faustregel, dass Vorstandsmit-glieder das Zwanzigfache des Facharbeiterlohnes verdienten, ist längst Geschichte, heute handelt es sich um das Vielhun-dertfache, von Abfindungen, „goldenen Handschlägen" und

Pensionen einmal ganz zu schweigen. Hier werden Gehälter gezahlt, die mit dem realen Leben nichts mehr zu tun haben und jeden Versuch, gerechte Einkommen zu bestimmen, vergiften.

Kirchliche Stimmen

„Wo Reichtum die Herrschaft über das Herz hat, hat Gott seine Autorität verloren." (Johannes Calvin)

„Es gibt drei Bekehrungen: die Bekehrung des Herzens, des Verstandes, des Geldbeutels." (Martin Luther)

Biblische Stimmen: Warnung vor „Geldliebe"

1. Timotheus 6,10: „Denn die Geldliebe ist eine Wurzel alles Bösen, nach der sich einige gerichtet haben und sind vom Glauben abgeirrt und haben sich selbst mit vielen Schmerzen durchbohrt."

Lukas 16,14: Die Pharisäer verhöhnen Jesus, weil sie „geldliebend" waren.

Matthäus 13,22: Das Gleichnis vom vierfachen Ackerfeld: „Bei dem aber unter die Dornen gesät ist, das ist, der das Wort hört, und die Sorge der Welt und der betrügerische Reichtum ersticken das Wort, und er bringt keine Frucht."

> **Biblische Stimmen: Warnungen vor der Anhäufung von Immobilien**
>
> Jesaja 5,8: „Wehe denen, die Haus an Haus reihen, Feld an Feld rücken, bis kein Raum mehr ist und ihr allein mitten im Land wohnt!"
>
> Micha 2,2: „Wehe denen, die Unheil ersinnen und böse Taten auf ihren Lagern! Beim Morgenlicht führen sie es aus, weil es in der Macht ihrer Hand steht. Begehren sie Felder, sie rauben [sie], und Häuser, sie nehmen [sie] weg; und sie üben Gewalt am Mann und seinem Haus, am Menschen und seinem Erbteil." (Elberfelder)
>
> Hesekiel 45,9: „Hört auf, mein Volk aus seinem Grundbesitz zu vertreiben!"

4. Armut weltweit

Armut weltweit

Eigentlich kann man Armut in Deutschland nicht ohne das Problem der weltweiten Armut diskutieren. Täglich verhungern laut der UN-Welternährungsorganisation 18 000 Kinder, das sind 6,5 Millionen (das entspricht 8 % der deutschen Bevölkerung) im Jahr. Ein Sechstel der Weltbevölkerung leidet akut Hunger!

Mein Sohn diskutierte in der Hauptstadt Ugandas mit afrikanischen Freunden, wie es denn praktisch möglich sei, wie die meisten Einwohner Ugandas hier von nur einem Dollar am Tag zu leben. Unsere Freunde diskutierten eine Zeitlang miteinander und dann kam die überraschende Antwort: Nein, in der Hauptstadt könne man nicht von einem Dollar am Tag leben, man brauche schon zwei Dollar am Tag.

1,5 Milliarden Menschen weltweit leben von weniger als einem Dollar pro Tag und sind damit gemäß der Armutsgrenze der Weltbank absolut arm. Zieht man die Armutsgrenze bei

Der Reichtum der Reichen

So viel % der gesamten Einkünfte eines Landes
entfallen auf das reichste Zehntel der Bevölkerung

Namibia **65 %**
Swasiland **50**
Kolumbien **47**
Chile **47**
Brasilien **46**
Panama **44**
Argentinien **40**
Portugal **30**
USA **30**
Großbritannien **29**
Italien **27**
Irland **27**
Schweiz **26**
Frankreich **25**
Österreich **23**
Norwegen **23**
Finnland **23**
Niederlande **23**
Tschechien **22**
Deutschland **22**
Japan **22**
Schweden **22**
Slowenien **21**
Dänemark **21**

augewählte Länder,
jeweils letzter verfügbarer Stand
Quelle: UNDP

© Globus
1045

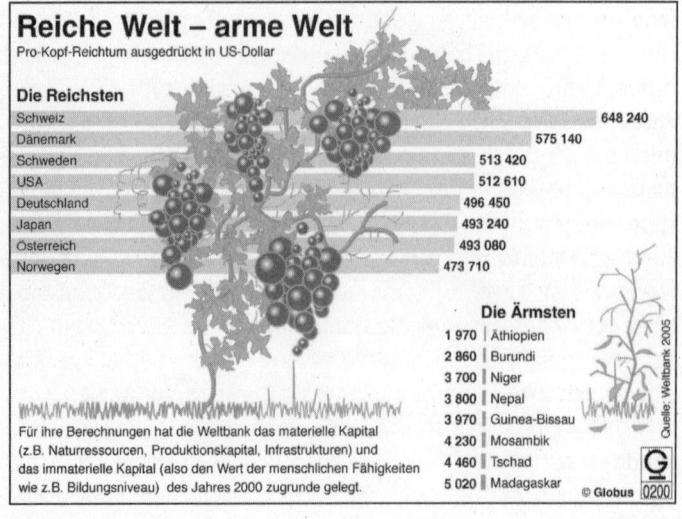

Reiche Welt – arme Welt

Pro-Kopf-Reichtum ausgedrückt in US-Dollar

Die Reichsten

Schweiz	648 240
Dänemark	575 140
Schweden	513 420
USA	512 610
Deutschland	496 450
Japan	493 240
Österreich	493 080
Norwegen	473 710

Die Ärmsten

1 970	Äthiopien
2 860	Burundi
3 700	Niger
3 800	Nepal
3 970	Guinea-Bissau
4 230	Mosambik
4 460	Tschad
5 020	Madagaskar

Für ihre Berechnungen hat die Weltbank das materielle Kapital
(z.B. Naturressourcen, Produktionskapital, Infrastrukturen) und
das immaterielle Kapital (also den Wert der menschlichen Fähigkeiten
wie z.B. Bildungsniveau) des Jahres 2000 zugrunde gelegt.

Quelle: Weltbank 2005

© Globus
0200

zwei US-Dollar pro Tag, gelten insgesamt 2,7 Milliarden Menschen und damit fast die Hälfte der Weltbevölkerung als arm.

Die größte Zahl dieser absolut armen Menschen lebt in Asien. In Afrika ist allerdings der prozentuale Anteil der Armen an der Bevölkerung höher. Während durch einen wirtschaftlichen Aufschwung in Teilen Asiens der Anteil der Armen deutlich zurückging (in Ostasien von 58 auf 16 %), hat sich in Afrika die Zahl der Ärmsten erhöht (in Afrika südlich der Sahara von 1981 bis 2001 fast verdoppelt).

Gemessen an der „absoluten" Armutsdefinition der Weltbank gibt es in Deutschland keine Armut. Manch deutscher Obdachloser vertelefoniert mehr Telefongebühren, als die Masse der Einwohner in einem Land wie Uganda insgesamt zum Leben zur Verfügung hat.

Aufgrund des Bruttosozialproduktes pro Kopf liegt Deutschland in der Liste der Weltbank auf Platz 13 der reichsten Länder der Erde, die Schweiz auf Platz zwei und Österreich auf Platz zwölf. Vor Deutschland liegen nur kleine europäische Länder, die USA, Japan und Singapur – und das alles trotz der Wiedervereinigung. Ohne die Wiedervereinigung wäre Deutschland immer noch eines der drei bis vier reichsten Länder – und für Westdeutschland für sich genommen gilt das immer noch.

Der Fuldaer Erzbischof Johannes Dyba hat auf den großen Wohlstand in Deutschland verwiesen. Deutschland sei objektiv gesehen eines der reichsten Länder der Welt, höre man jedoch manche Politiker und Gewerkschaftler oder manche Verlautbarungen des eigenen katholischen Caritas-Verbandes, so grassiere in Deutschland bittere Armut. Der Erzbischof meinte, man solle sich erst einmal in der Welt kundig machen, bevor man von Armut in Deutschland spreche. „Sollten wir nicht Gott auf den Knien danken, was er uns in den vergangenen 50 Jahren hat erreichen lassen – und die nun notwendigen Korrekturen unseres Übermaßes nicht mit blindem Entsetzen, sondern aus christlicher Dankbarkeit, mit Fassung und Anstand vollziehen?" – „Sind wir nicht arm an Bescheidenheit, arm an Zufriedenheit, arm an Opferbereitschaft und Nächstenliebe geworden?"

Christen stehen in der Spannung von Dankbarkeit und Zufriedenheit einerseits und dem aktiven Einsatz gegen Ungerechtigkeit und Armut andererseits. Sie weisen darauf hin, dass auch die Ärmeren angesichts des Elends in dieser Welt Gott dankbar sein sollten und bekämpfen die blinde Gier und den Glauben an das Allheilmittel des grenzenlosen Wirtschaftswachstums. Zugleich werden sie aber nicht müde, sich dafür einzusetzen, dass das Schicksal der Armen im Kleinen wie im Großen geändert wird.

Biblische Stimmen: Wohlstand führt leicht zu Stolz und Undankbarkeit gegen Gott

„Und du wirst essen und satt werden, und du sollst den Herrn, deinen Gott, für das gute Land preisen, das er dir gegeben hat. Hüte dich, dass du den Herrn, deinen Gott, nicht vergisst, indem du seine Gebote und seine Rechtsbestimmungen und seine Ordnungen, die ich dir heute gebe, nicht hältst! – dass nicht, wenn du isst und satt wirst und schöne Häuser baust und bewohnst und deine Rinder und deine Schafe sich vermehren und dein Silber und Gold sich mehren und alles, was du hast, sich mehrt, [dass dann nicht] dein Herz sich erhebt und du den Herrn, deinen Gott, vergisst ..." (5. Mose 8,10-14)

Abnahme der Armut weltweit

„Der Kapitalismus hat zu einem in der Geschichte der Menschheit zuvor völlig unbekannten Wohlstand geführt. Vor seiner Einführung lebten 90 % der Menschen in bitterer Armut; ihr Lebensstandard verharrte über die Jahrhunderte auf einem extrem niedrigen Niveau. Zwischen 1500 und 1820 begann der Lebensstandard dann in denjenigen Ländern, in denen sich der Kapitalismus allmählich entfalten konnte, langsam anzusteigen, während er in allen anderen Ländern weiterhin stagnierte. Als die neue Wirtschaftsordnung sich in den kapitalistischen Ländern voll etabliert hatte, erlebten diese eine rapide Zunahme ihres Wohlstands. Das Produktionsvolumen hat sich in den führenden kapitalistischen Ländern (Westeuropa, USA, Kanada, Australien) seit 1820 auf das rund 80fache erhöht. Das reale Pro-Kopf-Einkommen stieg von 1820 bis 1992 in Westeuropa auf das 14fache, in den USA sogar auf das 17fache. In Russland, vor 1992 eines der führenden nicht-kapitalistischen Länder, nahm es im gleichen Zeitraum lediglich auf das 6fache zu. Die Lebenserwartung stieg in Westeuropa von 37 auf 77 Jahre, in Russland hingegen nur auf 64 Jahre. In nicht-kapitalistischen Entwicklungsländern beläuft sie sich häufig nach wie vor auf unter 50 Jahre. Von einer kleinen Elite abgesehen, leben die meisten Menschen dort immer noch in bitterer Armut. Im Mittelalter mussten 80% bis 90% der Menschen in den heute kapitalistischen Ländern Westeuropas in der Landwirtschaft arbeiten. Es war die Zeit des Feudalismus: Die Feudalherren übten eine autoritäre Herrschaft über ihre Leibeigenen aus, die von Geburt unfrei waren und auf den Gutshöfen Zwangsarbeit zu leisten hatten. Die Produktivität war so gering, dass die Gutshöfe kaum handelbare Überschüsse erzeugten. Es herrschte weitgehend Subsistenzwirtschaft."[79]

Vor 200 Jahren war das Leben in Europa und den USA ebenso schwierig und von Armut gekennzeichnet wie in Indien oder China oder Japan. Alle Zivilisationen hatten in den Jahrhunderten davor ähnliche Einkommensniveaus und ähnliche Verteilungen zwischen einer sehr kleinen „reichen" Schicht und der Masse der Armen. Erst um 1800 begann während der unglaublichen Zunahme der Weltbevölkerung – um 1800 war sie mit fast 900 Millionen Menschen schon viermal so hoch wie alle Jahrhunderte vor 1500 – das moderne Wirtschaftswachstum. Der gravierende Unterschied zwischen 1800 und der Gegenwart bezüglich des Wohlstandes der führenden Industriestaaten geht darauf zurück, dass sich zwischen 1820 bis 2000 ein jährliches durchschnittliches Wachstum von 1,7 % (USA, Kanada), 1,9 % (Japan), 1,5 % (Westeuropa – trotz zweier Weltkriege!), 1 % (Osteuropa) und 1,2 % (ehemalige Sowjetunion) ergab. Selbst Asien (ohne Japan) erlebte ein jährliches Wirtschaftswachstum von 0,9 % über diese 180 Jahre, Afrika 0,7 %.

Der Unterschied zwischen den Ländern und Regionen ergibt sich also daraus, dass ein aufs Jahr gesehen nur geringfügig stärkeres Wachstum über viele Jahrzehnte durchgehalten wurde.[80] 1820 hatte Amerika ein dreimal so hohes Pro-Kopf-Einkommen wie Afrika. In den 120 Jahren summierte sich in Afrika das durchschnittliche jährliche Wachstum von 0,9 % auf den dreifachen Wert von 1820. Die 1,7 % der USA summierten sich demgegenüber auf den siebenfachen Wert von 1820. Deswegen liegt das Pro-Kopf-Einkommen der USA heute fast 21-mal so hoch wie das Afrikas.

Die Mitglieder der UN haben sich beim Millenniumsgipfel im Jahr 2000 auf das Ziel geeinigt, bis zum Jahr 2015 die Zahl derer, die weniger als einen US-Dollar am Tag haben, zu halbieren (Punkt 1 der Millenniums-Entwicklungsziele).

5. Spezielle Gruppen Betroffener

Obdachlosigkeit

Obdachlosigkeit (von „Obdach" = Unterkunft oder Wohnung) oder Nichtsesshaftigkeit bezeichnen einen Zustand, in dem Menschen über keinen festen Wohnsitz verfügen und im öffentlichen Raum, im Freien oder in Notunterkünften übernachten. Langzeitobdachlose sind im Innenstadtbild der Großstädte alltäglich. Abfällig werden Obdachlose auch als „Penner" oder „Bettler" bezeichnet.

In armen Ländern ist Obdachlosigkeit oft die Folge von Wohnraumzerstörungen, Vertreibungen oder Flucht durch Naturkatastrophen oder (Bürger-)Kriege. Die Ressourcen dieser Länder reichen meist nicht aus, verloren gegangen Wohnraum wieder zu ersetzen, die Ressourcen der Betroffenen reichen nicht, von zerstörtem kostenlosen Wohnraum auf Wohnraum gegen Miete umzusteigen. Der Übergang zwischen Obdachlosigkeit und Leben in Slums oder Flüchtlingslagern ist dabei oft fließend. Aber selbst in reichen

Ländern wie Japan gibt es aufgrund der enorm hohen Mietpreise in den Ballungszentren eine hohe Zahl an Obdachlosen, die sich etwa auf Verkehrsinseln Notunterkünfte bauen.

In Deutschland, der Schweiz und in Österreich gibt es Obdachlosigkeit nicht wegen fehlenden Wohnraums, sondern wegen fehlenden *erschwinglichen* Wohnraums. Doch bezeichnet dies nur die äußeren Gegebenheiten. Meist liegen die Gründe jedoch tiefer. „Ursachen für Wohnungslosigkeit sind Scheidung, Langzeitarbeitslosigkeit, Armut und Verschuldung, prekäre Familiensituationen oder auch psychische Probleme."[81] Fragt man nach den *institutionellen Hauptursachen*, also den Ursachenanteilen, die nicht auf Seiten der Betroffenen liegen, so sind Arbeitslosigkeit, ein unzureichendes Angebot erschwinglicher Wohnungen, der Abbau der Betten in psychiatrischen Einrichtungen und das Auseinanderbrechen der Familien zu nennen.

Die Mehrzahl der Obdachlosen in den Industriestaaten sind Männer, unter den alleinstehenden Obdachlosen machen sie ca. 80–85 % aus. Sie sind in Deutschland meist zwischen 20 und 50 Jahre alt. Ein Fünftel der Obdachlosen in Deutschland sind ehemalige Strafgefangene. Etwa 80 % der Obdachlosen wandert nicht, sondern lebt überwiegend am gleichen Ort.

Steigt die Zahl der Obdachlosen? Statistisch werden Obdachlose nur in Nordrhein-Westfalen und in anderen Bundesländern nur von den meisten Kommunen erfasst, wobei man die oben beschriebene rechtliche Definition berücksichtigen muss. Im Dezember 2006 gab der nordrhein-westfälische Familienminister Armin Laschet bekannt, dass die Zahl der Wohnungslosen auf den niedrigsten Stand der vergangenen zehn Jahre gefallen ist, nämlich um 71 % gegenüber 1996 auf 15 000. Bei den kinderreichen Familien seien die Zahlen sogar um 80 % auf 468 und bei den Alleinerziehenden und Familien mit weniger als drei Kindern um 72 %

auf 2 152 Fälle zurückgegangen. Ob diese Zahlen repräsentativ sind, ist schwer zu beurteilen. Nichtsstaatliche Stellen wie Mietervereine oder Kirchen gehen jedenfalls oft von einer Zunahme der Zahl der Obdachlosen aus, wie etwa Frieder Claus, Armutsexperte des Diakonischen Werks der Evangelischen Kirche in Württemberg. Konkrete Zahlen können sie meist nicht vorlegen, dafür aber die Erfahrung der Helfer vor Ort.

Der Zweite Armutsbericht der Bundesregierung von 2005 stellt fest: „In den vergangenen Jahren ist es – bei aktuell entspannter Wohnungsmarktlage – zu einer starken Verminderung der Wohnungslosigkeit und Wohnungsnotfälle gekommen (…) (s. Schaubild X.1). Die von der Bundesarbeitsgemeinschaft Wohnungslosenhilfe (BAG-W) geschätzte Jahresgesamtzahl der Wohnungslosen hat sich von 1998 bis 2003 um fast 42 % reduziert. Sie sank von 530 000 (1998) auf 310 000 Personen im Jahr 2003 (ohne Aussiedler). Im Jahr 2002 (…) lag der Anteil von Frauen bei ca. 23 % (75.000) (…), der Anteil der Kinder und Jugendlichen bei ca. 22 %. Die rückläufige Tendenz wird auch durch amtliche Statistiken im Bereich der ordnungsbehördlichen Unterbringung von Wohnungsnotfällen bestätigt. …"

Was kann man sonst zur Situation der Obdachlosen sagen? „Anhand von Schätzungen zur Zahl der allein stehenden Wohnungslosen und der Daten der sozialen Dienste der freien Wohlfahrtspflege lassen sich folgende Hintergründe und Ursachen von Wohnungslosigkeit beschreiben:

- Bei rund 25 % beruhte der Wohnungsverlust auf einer Kündigung durch den Vermieter oder auf Räumung wegen Eigenbedarfs, bei rund 37 % auf Räumung wegen Mietschulden oder aufgrund anderer Probleme. Rund 38 % der Mieter hatten selbst gekündigt oder sind ohne Kündigung ausgezogen.
- Im Hinblick auf die Dauer von Wohnungslosigkeit zeigt sich, dass die Mehrzahl der Betroffenen nur für einen

relativ begrenzten Zeitraum wohnungslos ist: Rund 52 % der Wohnungslosen waren bis zu sechs Monaten, rund 11 % zwischen sechs und zwölf Monate wohnungslos. Bei rund 14 % der Wohnungslosen erstreckte sich die Phase der Wohnungslosigkeit auf ein bis drei Jahre, rund 17 % waren mehr als fünf Jahre wohnungslos.

– Die wichtigsten Auslöser des Wohnungsverlustes bei Frauen waren Trennung und Scheidung, der Auszug aus der elterlichen Wohnung sowie die akute Gewalt des Partners/Ehemannes oder eines Dritten."[82]

Hauptträger der Obdachlosenfürsorge sind kirchliche Einrichtungen, die dafür oft staatliche Zuschüsse erhalten. Dieser Trend verstärkt sich zur Zeit, da für die Obdachlosenversorgung die Kommunen zuständig sind, die dort oft den Rotstift ansetzen. In Baden-Württemberg etwa gehen die Angebote der Kommunen für Obdachlose zurück, das Sozialministerium unterstützt dagegen Kirchen und Sozialverbände bei der Obdachlosenfürsorge mit – aufs Ganze gesehen bescheidenen – 500 000 €.

Nach groben Schätzungen gibt es in *Österreich* 1 000 bis 2 000 „Obdachlose". Etwa 12 000 Menschen sind in Einrichtungen für Wohnungslose untergebracht, daneben etwa 7 000 Asylwerber und Migranten in Einrichtungen der Flüchtlings- und Ausländerhilfe. Wohnungslose Menschen werden in Österreich in rund 100 Einrichtungen ambulant betreut und erhalten in 177 Einrichtungen mit 6 600 Unterbringungsplätzen Unterkunft und Betreuung.[83] (Für die *Schweiz* liegen keine gesicherten Zahlen zur Obdachlosigkeit vor.)

Zur Zahl der *Straßenkinder* in Deutschland liegen keine verlässlichen Zahlen vor, die Angaben reichen von 2 500 bis zu 40 000. Der Zweite Armutsbericht der Bundesregierung geht aufgrund von Schätzungen von 5 000–7 000 Straßenkindern aus. Die meisten stammen aus desolaten Familien

(z. B. Alkoholmissbrauch, psychische Störungen, Arbeitslosigkeit, Gewalt), werden seit Jahren von wechselnden Personen betreut oder sind aus Heimen fortgelaufen.

Kinderarmut

Wie ist die Lage armutsgefährdeter Kinder? „In der Bundesrepublik Deutschland leben circa zehn Prozent aller Kinder
in relativer Armut – das sind 1,5 Millionen Kinder und
Jugendliche unter 18 Jahren. Im internationalen Vergleich
liegt Deutschland damit im Mittelfeld der wirtschaftlich am
weitesten entwickelten Staaten – so das Ergebnis der UNI-
CEF-Vergleichsstudie ‚Child Poverty in Rich Countries 2005'.
(…) Die Studie zeigt außerdem, dass sich die Lebenssituation von Kindern in 17 von 24 OECD-Staaten, darunter auch
Deutschland, verschlechtert hat. Dass es in einem so wohlhabenden Land wie Deutschland Kinderarmut gibt, ist skan-
dalös (…) Kinder sind in Deutschland zudem häufiger von
Armut betroffen als Erwachsene. (…) Arme Kinder leiden in
Deutschland zwar in der Regel weder Hunger noch Durst,
sie haben ein eigenes Bett und sie gehen zur Schule. Armut
und Kinderarmut sind relativ. Ihre Erscheinungsformen –
eine eingeschränkte materielle Grundversorgung, vermin-
derte Bildungschancen, schlechtere Gesundheit und gerin-
gere soziale Teilhabe – sind nicht auf den ersten Blick
sichtbar. Aber Armut kann sich negativ auf die Lebenschancen
der Kinder auswirken."[84]
Das Statistische Bundesamt stellt in seiner Studie „Leben
in Europa" 2006 fest: Mit Hartz IV stieg die Zahl der bedürftigen Kinder in Deutschland von 965 000 auf 1,7 Mio. Das
ist in den alten Bundesländern jedes achte, in den neuen
Bundesländern jedes vierte Kind. Es gibt in den neuen Bundesländern Städte wie Görlitz, Halle oder Schwerin, wo
jedes dritte Kind von Sozialhilfe lebt. „Unter 15-jährige
Sozialgeldempfänger (…) gemäß SGB II haben einen
Anspruch auf eine Regelleistung von 209 € monatlich. Ihr

Bedarf für Ernährung und Getränke ist darin mit 2,38 € pro Tag kalkuliert (...) Das steuerfrei zu stellende Existenzminimum von Minderjährigen lag 2005 bei 304 € im Monat."[85]

Gerda Holz hat die Lebenslagen armer und armutsgefährdeter Kinder bis zur Einschulung in Deutschland untersucht. 40 % zeigten Mangelernährung – gegenüber 15 % im Rest der Bevölkerung. Mehr als die Hälfte war im Spiel- und Sprachverhalten auffällig. In Kindertagesstätten zeigten sie auffallend häufig fehlende Kontaktaufnahme zu anderen Kindern. Die Unterschiede im Bereich der Gesundheit waren am wenigsten ausgeprägt.[86] Andere Forscher kommen zu ähnlichen Ergebnissen.

Frauenarmut bzw. Alleinerziehende

Die ehemalige Bundesfamilienministerin Christine Bergmann schrieb 2000 im Vorwort der vom Familienministerium in Auftrag gegebenen Untersuchung „Die wirtschaftlichen Folgen von Trennung und Scheidung": „Trennung und Scheidung sind eine wichtige Ursache für die Entstehung von Niedrigeinkommen und (Kinder)Armut in Deutschland."[87] Die Untersuchung referiert dabei neben der Auswertung aktueller Daten auch ältere und jüngere Untersuchungen aus aller Welt, die belegen, dass Alleinerziehende im Schnitt wirtschaftlich wesentlich schlechter gestellt sind als gemeinsam Erziehende und dies insbesondere für die Kinder vielfach negative Folgen hat. Die wirtschaftlichen Folgen einer Scheidung sind nach einem Vergleich aller relevanten Untersuchungen durch Richard V. Burkhauser[88] für Deutschland sogar noch schwerwiegender als für die USA. Die Armutsquote unter den Alleinerziehenden ist in den vergangenen Jahren beständig angestiegen.

In einem Gutachten des Bundesministeriums für Familie, Senioren, Frauen und Jugend heißt es: „Finanziell sind die Alleinerziehenden, Männer wie Frauen, erheblich schlechter gestellt als Ehepaare mit Kindern."[89] Anneke Napp-Peters hat dies an Hunderten von konkreten Beispielen untersucht und anschaulich gemacht: Jede dritte Scheidungsfamilie ist danach von langfristiger Armut bedroht, was insbesondere auf Scheidungsfamilien mit mehreren Kindern zutrifft."[90]

Wer Armut aktiv bekämpfen will, sollte also auch den Willen von Paaren stärken, lebenslang zusammenzubleiben. Australien hat vorgeführt, wie man ohne Rückgriff auf christliche Vorgaben zum Nutzen der Kinder und der ganzen Gesellschaft die Stabilität von Ehen fördern kann, etwa durch intensive Beratung im Vorfeld von Scheidungen. Obwohl sich der deutsche Staat mehr als viele andere Staaten in das Privat- und Familienleben einmischt, etwa im Bereich von Finanzen oder Schulbildung, hält man sich bei Stabilisierung von Familien auffallend zurück und betont das Recht auf das Privatleben, weil man sonst ja zugeben müsste, dass man mit der sexuellen Revolution und der systematischen Unterminierung und Lächerlichmachung des traditionellen Familienzusammenhaltes vielleicht Fehler gemacht hat.

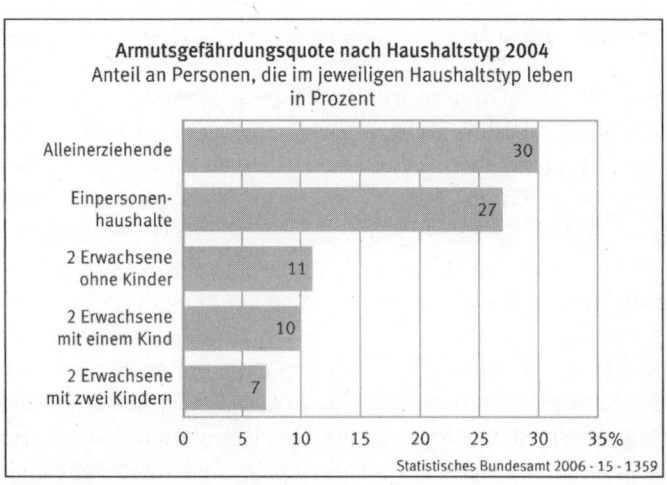

Armutsgefährdungsquote nach Haushaltstyp 2004
Anteil an Personen, die im jeweiligen Haushaltstyp leben in Prozent

Statistisches Bundesamt 2006 - 15 - 1359

Die Folgen der Zerstörung von Ehe und Familie

Es wird viel zu wenig thematisiert, dass der Zusammenbruch der klassischen Langzeit-Kernfamilie wesentlich zu Problemen der Armut oder etwa der Obdachlosigkeit und Suchtabhängigkeit beiträgt. Die Gesellschaft zahlt hohe Folgekosten für die sexuelle Revolution, die Freigabe von Abtreibung, Pornographie und schuldloser Scheidung, tabuisiert das Thema aber selbst dort, wo der Ruf zur Rückkehr zur Familie laut wird.[91] Dabei gilt: „Trennung und Scheidung sind das größte Armutsrisiko in unserer Gesellschaft. Und Unterschichtsbeziehungen haben eine besonders kurze Haltbarkeit."[92]

Das Statistische Bundesamt hat in seiner Studie „Leben in Europa" klar gezeigt, welche Familienformen von Armutsgefährdung betroffen sind: „Wie stellt sich die Situation von Familien dar? Vor allem Menschen, die in Alleinerziehendenhaushalten leben, sind in besonderem Maße von Armut bedroht. 30 % leben unterhalb der Grenze von 60 % des mittleren Einkommens (Armutsgefährdungsgrenze). Bei den ‚vollständigen' Familien mit zwei Erwachsenen und einem oder mehreren Kindern liegt die Armutsgefährdungsquote deutlich niedriger, nämlich zwischen 7 % (mit einem Kind) und 12 % (mit drei oder mehr Kindern). Diese Familien weisen also alle eine niedrigere Armutsgefährdungsquote auf als die Gesamtbevölkerung mit 13 %."[93]

Es gilt aber, wie es Wirtschafts- und Sozialwissenschaftler ohne jeden christlichen Hintergrund immer wieder feststellen: „Der Sozialstaat beruht auf Vollbeschäftigung, Wachstum und Familie. Doch die Bedingungen haben sich verändert."[94] Den engen Zusammenhalt zwischen Familie und Wohlstand hat vor allem der Wirtschaftswissenschaftler George Gilder deutlich gemacht[95]. Für ihn gibt es „drei Stützpfeiler" einer blühenden Wirtschaft: „Arbeit, Familie und Glaube"[96]. „In der Tat sind – nächst der Arbeit – die intakte monogame Ehe und die Familie die wichtigste Voraussetzung für den sozialen Aufstieg."[97] Ähnlich argumentiert John Silber. In den USA wird „jedes zweite Kind in der Unterklasse von einer unverheirateten Mutter, meist einer Teenagerin, geboren"[98]. Er kritisiert: „Unsere Gesellschaft hat so inkompetent auf die sexuelle Revolution reagiert (...) Doch wir glauben, die Sexualität rein nach Begriffen der Verbrauchernachfrage behandeln zu können und dass dies keine Folgen haben wird."

Das soll das Schicksal der betroffenen Familien, etwa der alleinerziehenden Mütter und Väter, nicht verharmlosen[99], aber das gebotene Mitleid darf die Ursachenforschung nicht vernebeln. Wer etwa liest, was für Folgekosten der Scheidung das Familienministerium ermittelt hat[100], weiß, dass hier ein hoher Handlungsbedarf vorliegt. Wenn eine Forscherin zur Kinderarmut zu dem Ergebnis kommt: „Weiterhin sind Trennung und Scheidung sowie Überschuldung zu nennen"[101], dann kann das nicht einfach tabuisiert werden.

Im Übrigen ist oft genug festgestellt worden, dass die gesellschaftlichen Lasten für Familien enorm zugenommen haben.[102] Selbst die Transferzahlungen an Familien können nicht ersetzen, was diese für Kinder ausgeben müssen. So findet etwa „seit vielen Jahren eine schleichende Verlagerung von den direkten zu indirekten bzw. Verbrauchssteuern statt. Damit entscheidet nicht mehr die finanzielle Leistungsfähigkeit über die Steuerlast des Bürgers bzw. der Bürgerin, sondern ihr Bedarf an Konsumgütern, welcher etwa bei kinderreichen Familien außerordentlich hoch ist."[103]

Grund dafür ist, dass seit fast 200 Jahren Wirtschaft, Politik und die dazugehörigen Wissenschaften alles nur nach bewegtem Geldwert bemessen und immaterielle Werte als nicht erstrebenswert außen vor lassen. Der bedeutende Wirtschaftstheoretiker Friedrich List schrieb schon 1841: „Wer Schweine erzieht, ist (...) ein produktives, wer Kinder erzieht, ist ein unproduktives Mitglied der Gesellschaft."[104])

Im Familienbericht der Bundesregierung von 1994 berechneten die Experten das durch Familien erwirtschaftete, dort genauer definierte Humanvermögen auf jährlich 15 Billionen DM[105], und kritisierten, dass die Gesellschaft die Familienleistung ignoriert, obwohl die Sozialisation in der Familie die entscheidende Voraussetzung für die Eignung Deutschlands als Wirtschaftsstandort ist. Damals hieß es: „Die Bundesregierung ist wie die Kommission der Auffassung, dass die Gesellschaft einer grundlegenden Umorientierung hin zu mehr Familienfreundlichkeit bedarf".[106]

Zerrüttete Familien, Scheidungen und Abtreibungen verursachen große Folgekosten und blockieren wertvolles Kapital – von anderen Folgen einmal gar nicht zu reden. Zerrüttete Familien ziehen oft eben auch zerrüttete Finanzen nach sich. Neben der Arbeitslosigkeit sind die finanziellen Folgen einer Scheidung in Deutschland Hauptursache von Überschuldung, wie die Schuldnerberatungsstellen festgestellt haben. Auf den hohen Anteil von Obdachlosen in Deutschland, die durch Scheidung in ihre Lage gekommen sind, wurde bereits hingewiesen.

Der Staat sollte in seiner Reaktion auf die nachlassende Investition in die Zukunft der Kinder gerade der „Neuen Unterschicht" nun aber nicht die aktiven Eltern dafür bestrafen, dass sich andere Eltern nicht oder zu wenig um die Zukunft ihrer Kinder kümmern. Die Ganztagsschule ist ein Beispiel: Für viele Kinder aus der neuen Unterschicht oder aus Migrantenfamilien ist die Ganztagsschule eine große Chance. Sie aber auch für Familien zur Pflicht zu erheben, in denen die Eltern viel Zeit für ihre Kinder investieren, reduziert die Chancen dieser Kinder, denn noch kann die zeitliche Investition in Kinder und eine intensive vertrauensvolle Beziehung zwischen Eltern und Kindern durch keine noch so gut gemeinte staatliche Intervention überboten werden. Ebenso mag es für viele Kinder eine Chance sein, mit vier Jahren in einer Kindertagesstätte Deutsch zu lernen. Aber muss man deswegen die Kinder in die Kita zwingen, deren Eltern ständig für ihre Kinder da sind und wo etwa der arbeitende Vater extra auf Teilzeit gegangen ist oder Elternzeit in Anspruch nimmt?

Behinderte

Der Zweite Armutsbericht der Bundesregierung von 2005 stellt fest: „Ist die Erwerbsquote der 15- bis 25-Jährigen bei nicht behinderten und behinderten Menschen noch gleich (51,7 %), so nimmt sie bei behinderten Menschen mit zunehmendem Alter kontinuierlich ab und liegt deutlich unter der Erwerbsquote nicht behinderter Menschen (…) Die Erwerbsquote der behinderten Männer beträgt 30 %, die der nicht behinderten Männer 70,9 % (…) Etwa 2,1 Millionen der schwerbehinderten Menschen (rund 32 %) sind zwischen 18 und 60 Jahre alt."[107]

Kritische Stimmen aus dem Bereich der Behinderteneinrichtungen schreiben: „Billiglohnland Behinderten-Werkstatt: Schwerbehinderte sind schon lange vom regulären Arbeitsmarkt ausgeschlossen. Ihre Beschäftigungsquote liegt in Privatunternehmen bei 3,4 Prozent, im öffentlichen Dienst zwischen fünf und sechs Prozent. Nur ungefähr die Hälfte der Schwerbehinderten ist überhaupt noch im erwerbsfähigen Alter – und dann einer massiven Armutsgefahr ausgesetzt. Viele Betriebe zahlen lieber Ausgleichsabgaben von 100 bis 250 Euro [pro Monat], statt die vorgeschriebene Schwerbehinderten-Beschäftigungsquote von sechs Prozent einzuhalten. Oder: Sie drücken diese Abgaben, indem sie externe Aufträge an Werkstätten für Behinderte (WfB) vergeben. Diese Lösung ist gewissermaßen ideal, sind doch die Werkstätten eine Art Billiglohnland vor der Haustür. Knapp 1 300 Produktionsstätten mit mehr als einer halben Million Beschäftigten gibt es hierzulande. Nach dem Schwerbehindertengesetz müssen die dort Tätigen ‚ein Mindestmaß an wirtschaftlich verwertbarer Arbeits-

leistung' erbringen, die in einem ‚Arbeitstrainingsbereich'
für ein Entgelt von rund 50 Euro [pro Monat] ermittelt wird.
Als ‚leistungsfähig' eingestuft, bekommen die zu 80 Prozent
als geistig behindert klassifizierten Werkstattbeschäftigten
jedoch keinen Lohn, denn das Arbeitsverhältnis wird nicht
als ‚Erwerbsarbeit' angesehen. Sie arbeiten für einen ein-
heitlichen Grundbetrag und – allerdings ohne Rechtsan-
spruch – eine leistungsabhängige Prämie. Für 150 bis 190
Euro [pro Monat] dürfen (...), einfache Arbeiten mit mini-
malem Anforderungsspektrum' in einem dem ‚Erwerbsleben
ähnlichen' Arbeitsalltag ausgeführt werden. Da werden
Schrauben und Muttern montiert oder Tüten geklebt. Für
die ‚Leistungsfähigen' soll Arbeit normale Erwerbsbiografien
imitieren, für die weniger ‚Leistungsfähigen' wird Arbeit als
‚Therapie', ‚Pädagogik' und ‚Selbstwertsteigerung' interpre-
tiert. Ansprüche, die sich auf individuelle Fähigkeiten und
Weiterbildung beziehen, bleiben mit steigender Ökonomi-
sierung dieses ‚Billiglohnsektors' auf der Strecke."[108]

Migranten und Ausländer

Die ökonomische Lage der in Deutschland lebenden Bevölkerung mit Migrationshintergrund hat sich von 1998 bis
2003 relativ verschlechtert; unter den Zuwanderern ist der
Anteil der in Armut Lebenden überdurchschnittlich von
19 % 1998 auf 23 % 2003 gestiegen. Besonders hoch ist der
Anteil der von Armut Betroffenen bei den Älteren und Jüngeren. Die umfangreichen Daten des Deutschen Instituts für
Wirtschaftsforschung in Berlin zeigen, dass im Jahre 2003
28 % der Kinder und Jugendlichen mit Migrationshintergrund im Alter von unter 20 Jahren in prekären Verhältnissen lebten. Bei den gleichaltrigen „Einheimischen" waren
es deutlich weniger, wenngleich mit 20 % ebenfalls beunru-
higend hoch. Vor allem Bürger türkischer Herkunft sind
häufig von Einkommensarmut betroffen. Dagegen leben
Migranten aus westlichen Ländern vergleichsweise selten in

Armut. Eingebürgerte schneiden im Durchschnitt besser ab als Ausländer; dies gilt allerdings nicht für Aussiedler. Überaus bedenklich ist, dass Armut für viele Zuwanderer nicht ein vorübergehendes Phänomen, sondern ein dauerhafter Zustand ist. Dieses Problem kann langfristig nur durch bessere Bildung und Ausbildung gelöst werden.[109]

Noch dramatischer ist der langfristige Rückblick: So waren etwa türkische Zuwanderer zu Hochzeiten der Industriegesellschaft in den 50er und 60er Jahren gut im Arbeitsmarkt integriert, heute sind sie doppelt so häufig arm, ohne Ausbildung, arbeitslos und auf Unterstützung angewiesen. Darauf wird jedoch näher im Band „Multikulturelle Gesellschaft" der Reihe *Hänssler kurz und bündig* eingegangen.[110]

III. Empfehlungen und Literatur

1. Sechs Aspekte staatlicher Armutspolitik

„Dies ist nicht der Ort, um eine umfassende Armutspolitik zu formulieren. Außerdem kann niemand genau sagen, wie eine solche Politik im Detail auszusehen hat. Dafür ist das Problem der modernen Armut zu umfassend und zu kompliziert, in politischer, wirtschaftlicher, aber auch moralischer Hinsicht. Seine Lösung dürfte Jahrzehnte in Anspruch nehmen. Das erfordert keine Politik aus einem Guss, sondern lässt sich nur als vernünftiges Patchwork vieler einzelner Maßnahmen realisieren. Dazu gehört auch die Einsicht, dass manchen sozialen Missständen mit den Mitteln der Sozialpolitik gar nicht beizukommen ist. Die Grenzen, die Ungleichheit setzt, sind in wechselseitigem Respekt nur schwer zu überschreiten."[111] Daraus ergibt sich: *Armutspolitik kann nur eine Querschnittsaufgabe sein.*

Die Hauptfaktoren, die zur Armutsgefährdung beitragen, sind fehlende Bildung, fehlende Arbeit, kaputte Familien und fehlende Investitionen eines verschuldeten Staates in einer Zeit, in der der Druck der Globalisierung der Arbeitsmärkte noch zunehmen wird. Daraus ergibt sich:

1. **Armutspolitik muss Bildungspolitik sein.** Die zu hohe Quote der Hauptschüler sowie die zu große Zahl der Schulschwänzer, Analphabeten und Jugendlichen ohne Schulabschluss oder Ausbildungsschluss muss unbedingt gesenkt werden!

2. **Armutspolitik muss Arbeitsmarktpolitik sein.** Kein Faktor erhöht und senkt das Armutsrisiko im Land mehr als die Arbeitslosenrate. „Dieses Land braucht dringend eine

intelligente Armutspolitik. Dabei helfen weder Almosen für die Bedürftigen noch eine moralische Anklage der Reichen."[112]

3. **Armutspolitik muss Ehe- und Familienpolitik sein.** Zerstörte Familien erhöhen das Armutsrisiko. Deswegen müssen Staat und Gesellschaft aufhören, Langzeit-Kernfamilien und intakte Ehen zu vernachlässigen oder zu belächeln. Familiäre Lebensstile haben deutliche gesellschaftliche und finanzielle Konsequenzen für den Einzelnen wie für die Gesellschaft.

4. **Armutspolitik ist Weltwirtschaftspolitik.** Der Schuldenstaat verhindert Investitionen in Bildung, kreative Lösungen im Niedriglohnbereich und kreative Ideen und Alternativen angesichts der Übermacht von China, Indien und anderer Staaten, wie etwa die von Henry Kissinger und Angela Merkel geforderte europäisch-amerikanische Freihandelszone.[113]

5. **Es sollte dabei vorrangig um wirklich Arme gehen**, die echten Mangel leiden, nicht um die Erfüllung statistischer Vorgaben. Auch ideologische Ziele dürfen nicht die Oberhand über die tatsächliche Situation vor Ort gewinnen.

6. Daneben muss die Armutspolitik nüchtern bleiben und **die Ursachen der wirklichen Armut in der Dritten Welt (Hunger, Seuchen, Kriegsnot) ebenso energisch bekämpfen.**

2. Drei Empfehlungen an Gemeinden und Kirchen

1. Die christlichen Gemeinden und Kirchen sind seit Jahrhunderten an vorderster Front gegen Armut aktiv, in Europa wie weltweit. Sorgen Sie dafür, dass dieses Markenzeichen des Christentums erhalten bleibt, im Kleinen wie

im Großen. Dabei gilt, dass neben aller Berechtigung politischer Forderungen und gerechter Wirtschaftssysteme echte Autorität in Fragen der Armut nur der hat, der selbst vor Ort die Armut kennen lernt und dem konkreten Einzelnen hilft.

2. Die meisten christlichen Gemeinden erreichen die Mittelschicht gut, die alte und neue Unterschicht ebenso wie die Oberschicht aber kaum.[114] Die Klage darüber äußerte Theodor Christlieb (1833–1889) schon 1880. Diskutieren Sie in Ihrer Gemeinde, wie sich das ändern kann, und werden Sie vor Ort aktiv!

3. Das Thema Armut kommt rein statistisch gesehen sehr oft im Alten wie im Neuen Testament vor. Stellen Sie sicher, dass das Thema in derselben Breite in Predigten und Hauskreisen, Büchertischen und Veranstaltungen vorkommt. Verquicken Sie dabei immer wieder die christliche Dankbarkeit und Bescheidenheit auf der einen Seite mit der prophetischen Anklage der Mächtigen und Reichen und dem konkreten Einsatz im Gefolge des Vorbildes des barmherzigen Samariters.

3. Weblinks und Literatur

Reihenfolge jeweils:
Weblinks
Zeitungs- und Zeitschriftenartikel
Bücher

Statistik und staatliche Berichte

Armut und Lebensbedingungen: Ergebnisse aus *Leben in Europa* für Deutschland (Presseexemplar). Wiesbaden: Statistisches Bundesamt, 2005 (www.destatis.de/presse/deutsch/pk/2006/eu_silc_i.pdf)

Lebenslagen in Deutschland – Zweiter Armuts- und Reichtumsbericht. Deutscher Bundestag 15. Wahlperiode, Drucksache 15/5015 vom 3.3.2005 (Bestellung in Buchform oder kostenlos als CDROM unter www.bmas.de)

Strategien zur Stärkung der sozialen Integration: Nationaler Aktionsplan zur Bekämpfung von Armut und sozialer Ausgrenzung 2003–2005. Berlin: Bundesministerium für Arbeit und Soziales, 2004 (Aktualisierung 2004). (www.bmas.bund.de/BMAS/Navigation/root,did=90054.html)

Statistisches Taschenbuch 2006. Berlin: Bundesministerium für Arbeit und Soziales, 2006 (kostenloser Download unter www.bmas.bund.de/BMAS/Navigation/root,did=158102.html)

Statistisches Bundesamt: www.destatis.de und Suchbegriffe eingeben

Datenreport 2006. Schriftenreihe 544. Bonn: Bundeszentrale für politische Bildung, 2006

Leben in Deutschland – Ergebnisse des Mikrozensus 2005. Karlsruhe: Statistisches Bundesamt, 2006, kostenlos unter www.destatis.de

Sozialbericht 2005. Berlin: Bundesministerium für Gesundheit und soziale Sicherung, 2005

Bericht über die Höhe des Existenzminimums von Erwachsenen und Kindern für das Jahr 2006 (Sechster Existenzminimumbericht). Deutscher Bundestag. 16. Wahlperiode. Drucksache 16/3265. 2.11.2006 (http://dip.bundestag.de/btd/16/032/1603265.pdf)

Österreich

Einkommen, Armut und Lebensbedingungen: Ergebnisse aus EU-SILC 2004. Statistik Austria: Wien, 2006 (www.armutskonferenz.at/armut_in_oesterreich_armut_ist.htm)

Christian Eizinger u. a., Vermögensbildung und Reichtum in Österreich, Bericht für das österreichische Sozialministerium, ca. 2004 (www.armutskonferenz.at/reichtum_0304.pdf)

Schweiz
www.vernunft-schweiz.ch/glossar/144/Armut.html
http://raonline.ch/pages/edu/st/armut_ch01a.html

Informationen zu Sozialleistungen

Detaillierte Informationen für Betroffene in Deutschland sowie alle einschlägigen Gesetzestexte finden sich in: Sozialhilfe und Grundsicherung. Bonn: Bundesministerium für Arbeit und Soziales, 2006, zu bestellen unter 0180/515151-0 oder unter http://www.bmas.bund.de/BMAS/Navigation/Service/publikationen,did=96852.html

www.arbeitnehmerkammer.de/sozialpolitik/ (dort auch
   Download von Broschüren der Ministerien und Behörden)
de.wikipedia.org/wiki/Grundsicherung
de.wikipedia.org/wiki/Grundsicherung_für_Arbeitssuchende
www.sozialhilfe24.de/sh_az.html/ (Sozialhilfe-Lexikon)
www.arbeitsagentur.de/nn_227838/Navigation/zentral/
   Arbeitnehmer-info/Arbeitslosengeld-II/Broschueren/Bro-
   schueren-Nav.html__nnn=true (Broschüren des Bundesar-
   beitsministeriums)
www.pflege-deutschland.de
Arbeitslosenprojekt TuWas (Hg.). Leitfaden zum Arbeitslosengeld II. Frankfurt: Fachhochschulverlag, 2006[2]
Michael Baczko, Hartz IV und Arbeitslosengeld II –
   Das sind Ihre Rechte. Freiburg: Haufe Verlag, 2006

Österreich
www.bmsg.gv.at
www.soziales-leben-oesterreich.at

Schweiz
www.skos.ch
www.sozialstaat.ch

„Neue Unterschicht"

www.kiggs.de

de.wikipedia.org/wiki/Neue_Unterschicht

hartz.blogg.de: „Das Unterschichtenblogg"

www.unterschichtler.de – www.der-unterschichtler.de

Josef-Otto Freudenreich, „Bin ich eigentlich nur noch Schrott? Eine Chefsekretärin und ein Dolmetscher auf dem Abstellgleis". Stuttgarter Zeitung vom 11.11.2006. S. 3 (im Internet nur gegen Bezahlung)

Thomas Gross, „Von der Boheme zur Unterschicht: Das Prekariat". „Die Zeit" vom 27.4.2006

Gero Neugebauer, Politische Milieus in Deutschland. Bonn: Dietz, 2007

Paul Nolte, Generation Reform: Jenseits der blockierten Republik. München: C. H. Beck, 2006[6]

Paul Nolte, Riskante Moderne. München: C. H. Beck, 2006

Gabor Steingart, „Die neuen Proleten". „Spiegel Online" vom 16.9.2006 (www.spiegel.de/wirt-schaft/0,1518,436351,00.html) (Auszug aus dem Buch „Weltkrieg um Wohlstand" (s. u.), S. 255-258

Wolfgang Uchatius, „Die neue Unterschicht". „Die Zeit" vom 10.03.2005 (www.zeit.de/2005/11/Unterschicht)

Walter Wüllenweber, „Das wahre Elend". „Der Stern" 52/2004 (www.stern.de/politik/deutschland/?id=533666)

Zur Kritik

Fabian Kessl, „Das wahre Elend? Zur Rede von der ‚neuen Unterschicht'". Widersprüche 25 (2005) 98: 29-44 (www.uni-bielefeld.de/paedagogik/agn/ag8/das_wahre_elend.pdf) – s. auch das gesamte Themenheft „Klassengesell-schaft reloaded?"

Allgemeinverständliche Literatur zur Armut in Deutschland

de.wikipedia.org/wiki/armut

www.bpb.de/wissen/RCGM2R,0,Einkommen_und_Armut.
html (Bundeszentrale für politische Bildung)

Stefan von Borstel, Dorothea Siems, „Arbeitsmarkt: Der
späte Lohn der Reform". „Die Welt" vom 22.12.2006
(www.welt.de/data/2006/12/22/1153779.html)

Dorothea Siems, „10 000 000 Deutsche sind von Armut
bedroht". „Die Welt" vom 6.12.2006. S. 4
(www.welt.de/data/2006/12/06/1135732.html)

Heiner Geißler, Die neue soziale Frage. Freiburg:
Herder, 1976

Nadja Klinger, Jens König, Einfach abgehängt: Ein wahrer
Bericht über die neue Armut in Deutschland. Berlin:
Rowohlt, 2006

Loccumer Initiative kritischer Wissenschaftlerinnen und
Wissenschaftler (Hg.) Armut als Bedrohung: Der soziale
Zusammenhalt zerbricht. Hannover: Offizin Verlag, 2002
(aus sozialistischer Sicht)

Akademische Literatur zur Armut in Deutschland

Hans-Jürgen Andreß, Anne Krüger, Bronia Katharina Sed-
lack, Armut und Lebensstandard: Zur Entwicklung des
notwendiges Lebensstandards der Bevölkerung 1996–
2003: Gutachten im Rahmen des Armuts- und Reich-
tumsberichtes der Bundesregierung vom August 2004.
(Download: unter www.bmg.bund.de – Suchbegriffe eingeben)

Irene Becker, Richard Hauser (Hg.), Dunkelziffer der
Armut: Ausmaß und Ursachen der Nichtinanspruchnahme
zustehender Sozialhilfeleistungen. Berlin: edition sigma,
2005

Thorsten Brandt, Mini- und Midijobs im Kontext aktivierender
Arbeitsmarkt- und Sozialpolitik. WSI-Diskussionspapier 142.
Düsseldorf: WSI, 2005

Karl Brenke, „Wachsender Niedriglohnsektor in Deutschland: sind Mindestlöhne sinnvoll?". Wochenbericht des
DIW Berlin (2006) 15/16: S. 197-206

Joachim R. Frick, Jan Goebel, Markus M. Grabka,
„Zur langfristigen Entwicklung von Einkommen und
Armut in Deutschland". Wochenbericht des DIW Berlin
(2005) 4: 59-68

Walter Hanesch u. a., Armut und Ungleichheit in Deutschland: Der neue Armutsbericht der Hans-Böckler-Stiftung,
des DGB und des Paritätischen Wohlfahrtsverbands.
Reinbek: Rowohlt Taschenbuch Verlag, 2000

Stefan Hradil, Soziale Ungleichheit in Deutschland.
Wiesbaden: VS Verlag für Sozialwissenschaften,
2005 (Nachdruck von 2001[8])

Dieter Korczak, Überschuldungssituation in Deutschland im
Jahr 2002 – Aktualisierung. München: Olzig, 2004

Walter Krämer, Armut in der Bundesrepublik: Zur Theorie
und Praxis eines überforderten Begriffs. Frankfurt: Campus, 2000

Andreas Mielck, Soziale Ungleichheit und Gesundheit.
Bern: Huber, 2005

Udo Neumann, Karl Mingot, Menschen in extremer Armut.
Forschungsbericht im Auftrag des Bundesministeriums
für Gesundheit und Soziale Sicherung. Darmstadt: ISL,
2003 (www.bmas.bund.de, dort suchen)

Gerd Nollmann, Hermann Strasser, „Armut und Reichtum in
Deutschland". Aus Politik und Zeitgeschichte (B 29–
30/2002). Bonn: Bundeszentrale für politische Bildung,
2002 (suche unter www.bpb.de)

Wolfgang Strengmann-Kuhn, Armut trotz Erwerbstätigkeit:
Analysen und sozialpolitische Konsequenzen, Frankfurt:
Campus, 2003

„Zustand der Gesellschaft – Armut und Reichtum. Themenheft. Aus Politik und Zeitgeschichte (29–30/2002).
Bonn: Bundeszentrale für politische Bildung, 2002
(suche unter www.bpb.de)

Kirchliche Literatur zur Armut in Deutschland

evangelisch
www.diakonie.de
www.diakonie.at
www.diakonieverband.ch

katholisch
www.caritas.de
www.caritas.at
www.kath.ch/hilfswerke.htm
Gerechte Teilhabe: Befähigung zu Eigenverantwortung und
Solidarität. Eine Denkschrift des Rates der EKD zur Armut
in Deutschland. Gütersloh: Gütersloher Verlagshaus, 2006[3]
Reichtum und Armut als Herausforderung für kirchliches
Handeln. Hg. von der Werkstatt Ökonomie im Auftrag
des Zentrums für Gesellschaftliche Verantwortung der
Evangelischen Kirche in Hessen und Nassau ... Oktober
2002 (www.woek.de/reich-arm/pdf/r&a_001_alles.pdf)
Hans Wißmann, Diethelm Michel u. a. „Armut". S. 69-121
in: Theologische Realenzyklopädie Bd. 4 (1979)
*Siehe unten auch unter „Kirchliche Literatur zur Sozialpolitik
und Sozialstaat".*

Armut in Österreich

www.armutskonferenz.at/armut_in_oesterreich.htm
https://broschuerenservice.bmsg.gv.at/
Mut zum Möglichen: Armut ist vermeidbar: Publikation zur
6. Österreichischen Armutskonferenz. Wien: Armutskonferenz, 2006

Michael Opielka, „Von den Bergbürgern lernen!". S. 81–87 in: Wolfgang Kessler, „Den Tatsachen ins Auge schauen". S. 28–34 in: Stephan Hebel, Wolfgang Kessler (Hg.), Zukunft sozial. Publik-Forum: Oberursel & Frankfurter Rundschau: Frankfurt, 2004

Armut in der Schweiz

www.sozialstaat.ch/d/programm/ergebnisse.html
www.vernunft-schweiz.ch/glossar/144/Armut.html
www.vernunft-schweiz.ch/docs/Sozialsystem.pdf
http://raonline.ch/pages/edu/st/armut_ch01a.html
de.wikipedia.org/wiki/Sozialhilfe_(Schweiz)
Rudolf Rechtensetiener, „Das Wunder der gerechten Rente". S. 67–72 und Michael Opielka, „Von den Bergbürgern lernen!". S. 81–87 in: Wolfgang Kessler. „Den Tatsachen ins Auge schauen". S. 28–34 in: Stephan Hebel, Wolfgang Kessler (Hg.) Zukunft sozial. Publik-Forum: Oberursel & Frankfurter Rundschau: Frankfurt, 2004

Akademische Literatur zur Armut in Europa

Eurostat: epp.eurostat.ec.europa.eu – dann weiter zu „Bevölkerung und soziale Bedingungen", sowie Suchbegriffe eingeben
Einkommensarmut und soziale Ausgrenzung in der EU-25. Brüssel: Eurostat. Statistik kurz gefasst 13/2005 (www.armutskonferenz.at/Armut%20in%20Europa%202005.pdf)
Das Europa, das wir wollen: Ansichten von AkteurInnen im Kampf gegen Armut und soziale Ausgrenzung zur künftigen Entwicklung der EU. Brüssel: European Anti Poverty Network, 2005 (www.armutskonferenz.at/6292_PK_eapn_d_cb.pdf)
Petra Böhnke, „Armut und soziale Ausgrenzung im europäischen Kontext". Aus Politik und Zeitgeschichte (B 29–30/2002). Bonn: Bundeszentrale für politische Bildung, 2002 (suche unter www.bpb.de)

Ernst-Ulrich Huster, Armut in Europa. Opladen:
   Leske + Budrich, 1996
Bronislaw Geremek, Geschichte der Armut: Elend und
   Barmherzigkeit in Europa. München: dtv, 1991

Literatur zur Armut weltweit

de.wikipedia.org/wiki/armut
Datenbank und englischsprachige Untersuchungen der
   Weltbank: povlibrary.worldbank.org/library
Weltentwicklungsbericht 2006: Chancengerechtigkeit und
   Entwicklung. Bonn: Bundeszentrale für politische Bil-
   dung, 2006
Aktionsprogramm 2015: Der Beitrag der Bundesregierung
   zur weltweiten Halbierung extremer Armut. BMZ Materi-
   alien 106. 2001, 2003[2]. www.bmz.de/de/service/info-
   thek/fach/materialien/ap2015_kurz.pdf
Child Poverty in Rich Countries. Florenz: UNICEF Innocenti
   Research Centre, 2005. (www.unicef.org/brazil/rep-
   card6e.pdf)
George Gilder, Reichtum und Armut. München: dtv, 1983
Jeffrey D. Sachs, Das Ende der Armut. München: Pantheon,
   2006
Hermann Sautter, Weltwirtschaftsordnung:
   Die Institutionen der globalen Ökonomie. München:
   Vahlen, 2004

Kirchliche Literatur zur Armut weltweit

www.micha-initiative.de/channel.php?channel=47
www.gemeinsam-gegen-armut.de
www.micahchallenge.org
www.stoparmut.ch/stoparmut/Hintergrund
www.worldvision.de
www.make-aid-work.org/deutsch/home.html
www.misereor.de/index.php?id=915
http://de.wikipedia.org/wiki/Option_für_die_Armen

Gernot Facius, „Im Glaubensgetto". „Die Welt" vom
22.1.2007: 6 (Leitartikel)

Kurt Bangert, Der Traum von einer besseren Welt: Warum
die Bekämpfung der Armut neue Wege gehen muss. Lahr:
Johannis-Verlag, 2006

Günther Bitzer, „Christliche Grundwerte und ihre Bedeutung für die Armutsbekämpfung". Entwicklungspolitik
Information Nord-Süd (eins), Heft 7/8/2006

Clemens Sedmak (Hg.), Option für die Armen. Freiburg:
Herder, 2005

Kinderarmut

www.kinder-armut.de

www.unicef.de/4264.html

Thomas Altgeld, Petra Hofrichter, Reiches Land, kranke
Kinder? Gesundheitliche Folgen von Armut bei Kindern
und Jugendlichen. Frankfurt: Mabuse-Verlag, 2000

Christoph Butterwegge u. a., Kinderarmut in Ost-und
Westdeutschland. Wiesbaden: VS Verlag für Sozialwissenschaften, 2005

Gerda Holz u. a., Zukunftschancen für Kinder?! Zur Wir-
kung von Armut bis zum Ende der Grundschulzeit: End-
bericht der 3. AWO-ISS-Studie. Arbeiterwohlfahrt Bun-
desverband: Bonn, 2005

Kinderarmut. Themenheft. Aus Politik und Zeitgeschichte
(26/2006). Bonn: Bundeszentrale für politische Bildung,
2006 (5 Aufsätze) (suche unter www.bpb.de)

Bildungsarmut, Familienarmut, Frauenarmut

Jutta Allmendinger, Stephan Leibfried, „Bildungsarmut:
Zum Zusammenhang von Sozialpolitik und Bildung".
S. 45–60 in: Michael Opielka (Hg.), Bildungsreform als
Sozialreform. Wiesbaden: VS Verlag für Sozialwissen-
schaften, 2005

Hans-Jürgen Andreß (Hg.), Wenn aus Liebe rote Zahlen werden: Über die wirtschaftlichen Folgen von Trennung und Scheidung. Bundesministerium für Familie, Senioren, Frauen und Jugend: Berlin, 2003

Hans-Jürgen Andreß, Henning Lohmann, Die wirtschaftlichen Folgen von Trennung und Scheidung. Schriftenreihe des Bundesministeriums für Familie, Senioren, Frauen und Jugend 180. Stuttgart: W. Kohlhammer, 2000 (Nachdruck 2001)

Markus M. Grabka, Peter Krause, „Einkommen und Armut von Familien und älteren Menschen". Wochenbericht des DIW Berlin (2005) 9: 155–162

Anneke Napp-Peters, „Armut von Alleinerziehenden". S. 107–122 in: Karl-Jürgen Bieback (Hg.), Neue Armut. Campus Verlag: Frankfurt, 1995

Brigitte Sellach, Ursache und Umfang von Frauenarmut. Gutachten im Auftrag des Bundesministeriums für Familie, Senioren, Frauen und Jugend: Bonn, 2001

Thomas Schirrmacher, Der Segen von Ehe und Familie. Bonn: VKW, 2006

Obdachlosigkeit

de.wikipedia.org/wiki/obdachlosigkeit

www.evangelische-obdachlosenhilfe.de

Volker Faust, „Obdachlosigkeit (Wohnungslosigkeit) und seelische Störung". 22 S. (www.psychosoziale-gesundheit.net/psychiatrie/obdachlosigkeit.html)

Pascal Klingmann, Wege in die Obdachlosigkeit. Vortrag vom 30.11.2001. www.ak-obdachlosigkeit-trier.de/obdachlosigkeit.pdf

Ulrich Gineiger, „Dr. phil. Obdachlos". „Die Zeit" vom 29.6.2006 (www.zeit.de/2006/27/L-Obdachlose)

Claus Paegelow, Handbuch zur Wohnungsnot und Obdachlosigkeit. Bremen: Eigenverlag, 2006 (dazu Literaturdaten-

bank „Wohnungsnot und Obdachlosigkeit" als CD-ROM, s.
www.claus-paegelow.homepage.t-online.de/index.htm)

Österreich
www.bawo.at
  (Bundesarbeitsgemeinschaft Wohnungslosenhilfe)

Ausländer

Ingrid Tucci, Gert G. Wagner, „Einkommensarmut bei
  Zuwanderern überdurchschnittlich gestiegen: Armut häufig mit Unterversorgung in anderen Lebensbereichen
  gekoppelt". Wochenbericht des DIW Berlin (2005) 5:
  79–86
Thomas Schirrmacher, Multikulturelle Gesellschaft.
  kurz + bündig. Holzgerlingen: Hänssler, 2006

Allgemeinverständliche Literatur zur Sozialpolitik

www.wikipedia.de: Die Wikipedia enthält zu dieser
  Thematik sehr viele ausgezeichnete Einträge, wie z. B.
  „Armut", „Neue Unterschicht", „Obdachlosigkeit",
  „Grundsicherung", „Sozialstruktur", „Sozialstaat",
  „Kapitalismus"
www.bmas.bund.de
  (Bundesministerium für Arbeit und Soziales)
Stephan Hebel, Wolfgang Kessler (Hg.), Zukunft sozial.
  Publik-Forum: Oberursel & Frankfurter Rundschau:
  Frankfurt, 2004
Diether Döring, Sozialstaat. Frankfurt: Fischer Taschenbuch
  Verlag, 2004
Stephan Riess, McJob: Arbeit um jeden Preis. Heyne:
  München, 1998

Kirchliche Literatur zur Sozialpolitik und Sozialstaat

Für eine Zukunft in Solidarität und Gerechtigkeit: Wort des Rates der Evangelischen Kirche in Deutschland und der Deutschen Bischofskonferenz zur wirtschaftlichen und sozialen Lage. München: Bernward bei Don Bosco, 1997

Martin Honecker u. a. (Hg.), Evangelisches Soziallexikon, Neuausgabe. Stuttgart: W. Kohlhammer, 2001

Päpstlicher Rat für Gerechtigkeit und Frieden. Kompendium der Soziallehre der Kirche. Freiburg: Herder, 2006[2]

Sozialwort des Ökumenischen Rates der Kirchen in Österreich. Wien: Ökumenischer Rat der Kirchen, 2005[3] (www.sozialwort.at)

Akademische Literatur zur Sozialpolitik und Sozialstaat

Jürgen Boeckh u. a., Sozialpolitik in Deutschland. UTB. Wiesbaden: VS Verlag für Sozialwissenschaften, 2005

Christoph Butterwegge, Krise und Zukunft des Sozialstaates. Wiesbaden: VS Verlag für Sozialwissenschaften, 2006[3]

Bernhard Frevel, Berthold Dietz, Sozialpolitik kompakt. Wiesbaden: VS Verlag für Sozialwissenschaften, 2004

Hubertus Heil (Hg.), Soziales Deutschland: Für eine neue Gerechtigkeitspolitik. Wiesbaden: VS Verlag für Sozialwissenschaften, 2005

Heinz Lampert, Jörg Althammer, Lehrbuch der Sozialpolitik. Berlin: Springer, 2004[7]

Michael Opielka, Sozialpolitik: Grundlagen und vergleichende Perspektiven. Reinbek: Rowohlt Taschenbuch Verlag, 2004

Vergleich mit dem Sozialsystem anderer Staaten

Erwin Carigiet u. a. (Hg.), Wohlstand durch Gerechtigkeit: Deutschland und Schweiz in sozialpolitischen Vergleich. Zürich: Rotpunktverlag, 2006

Gösta Esping-Andersen, The Three Worlds of Welfare Capitalism. Polity Press: Cambridge, 2006 (1990)

Josef Schmid, Wohlfahrtsstaaten im Vergleich: Soziale Sicherung in Europa. Wiesbaden: VS Verlag für Sozialwissenschaften, 2006 (Nachdruck von 2002[2])

Kritisches und Umstrittenes zur deutschen Wirtschaftspolitik und Politik

Meinhard Miegel, Die deformierte Gesellschaft: Wie die Deutschen ihre Wirklichkeit verdrängen. München: Heyne, 2006[5]

Meinhard Miegel, Stefanie Wahl, Arbeitsmarkt und Arbeitslosigkeit. München: Olzog, 2002

Hans-Werner Sinn, „Skandinavischer Schwindel" Die Welt vom 8.11.2006. S. 9 (www.welt.de/data/2006/11/08/1102795.html − kritisch dazu www.memo.uni-bremen.de/docs/m3506.pdf)

Gabor Steingart, Deutschland: Der Abstieg eines Superstars. München: Piper, 2006[4]

Gabor Steingart, Weltkrieg um Wohlstand. München: Piper, 2006

Ethik

www.bucer.de, Download von „MBS-Texten", z. B. von Thomas Schirrmacher Nr. 2 „Eine Sonderethik für die Endzeit" (2004), Nr. 20: „Sozialethik muss sein" (2004), Nr. 24: „Fluch und Segen des Besitzes" (2004)

Wirtschaft und Ethik, letzte Ausgabe 17 (2006) 2, kostenlose Zeitschrift (http://wirtschaftundethik.de/_wirtschaft_und_ethik_.html)

Diakone: Mit Wort und Tat für andere dasein. Pfäffikon (CH): Bund Freier Evangelischer Gemeinden in der Schweiz, 1997 (www.feg.ch/wDeutsch/Ueber_uns/Standpunkte/Docs/Diakonie.pdf)

Wilhelm Korff (Hg.), Handbuch der Wirtschaftsethik. Im Auftrag der Görres-Gesellschaft. 4 Bde. Gütersloh: Gütersloher Verlagshaus, 1999

Hermann Sautter, Verantwortlich wirtschaften: Weltwirtschaftliche Problemfelder und innergesellschaftliche Handlungsmöglichkeiten. Porta-Studien 24. Marburg: Studentenmission in Deutschland, 1994

Thomas Schirrmacher, Daniel Suter, Markus Wäfler, Stéphane Derron, Christ und Politik: 50 Antworten auf Fragen und kritische Einwände. idea-Dokumentation 7/2005. VKW: Bonn, 2005

Thomas Schirrmacher, Ethik. 7 Bde. Hamburg: RVB & Nürnberg: VTR, 2004[3], zur Wirtschaft Bd. 5

Thomas Zimmermanns, Grundriss der politischen Ethik: Eine Darstellung aus biblisch-reformatorischer Sicht. Bonn: VKW, 2004[2]

Anmerkungen

1 Opielka, Sozialpolitik, 16 (alle weiteren Angaben für die zitierten Quellen finden Sie im Literaturverzeichnis).
2 Für eine Zukunft in Solidarität und Gerechtigkeit, 62–63.
3 Steingart, Proleten.
4 Günther Müchler, Rezension von Paul Nolte, Generation Reform. (www.dradio.de/dlr/sendungen/politischesbuch/260077/) mit einem Zitat aus Paul Nolte, Riskante Moderne.
5 Wüllenweber, Elend.
6 Müchler, a. a. O.
7 Paul Nolte, Riskante Moderne, 99.
8 ebd., 149.
9 Wüllenweber, a. a. O.
10 Wolfgang Uchatius, Unterschicht.
11 Wüllenweber, a. a. O.
12 ebd.
13 ebd.
14 Steingart, a. a. O.
15 z. B. Wüllenweber, a. a. O.
16 Steingart, a. a. O.
17 ebd.
18 alle voranstehenden Zitate: Steingart, a. a. O.
19 Wüllenweber, a. a. O.
20 nach einem Bericht des DIW von November 2006.
21 alle voranstehenden Zitate Wüllenweber, a. a. O.
22 Butterwegge/Klundt/Zeng, Kinderarmut in Ost- und Westdeutschland, 137.
23 Gero Neugebauer. Politische Milieus.
24 www.foerderland.de/907+M5962b3b3654.0.html, Deutscher Instituts-Verlag.
25 Olaf Groh-Samberg, S. 11–18.
26 so z. B. Klinger/König, 108–109.
27 aus „Armut und Lebensbedingungen". Alle Zitate im Folgenden aus dieser Studie.
28 ebd.
29 ebd., 35.
30 Einkommen, Armut und Lebensbedingungen: Ergebnisse aus EU-SILC 2004. Statistik Austria: Wien, 2006.
31 alles Pressemitteilung von „Statistik Austria" (www.statistik.at/cgi-bin/pressetext.pl?INDEX=2006009805).

32 www.vernunft-schweiz.ch/glossar/144/Armut.html

33 http://raonline.ch/pages/edu/st/armut_ch01a.html

34 a. a. O.

35 aus einem Bericht des DIW 2006.

36 Klinger/König, a. a. O., 75.

37 Quelle: Lebenslagen in Deutschland – Zweiter Armuts- und Reichtumsbericht.

38 so auch Peter Gillies, „Was ist Armut?". „Die Welt" vom 31.7.1995: 4; Walter Krämer, Götz Trenkler, Lexikon der populären Irrtümer. Eichborn: Frankfurt, 1997[12], 27–29.

39 www.foerderland.de, a. a. O.

40 Gerechte Teilhabe, Absatz 33.

41 Lebenslagen, a. a. O., 39.

42 Krämer 2000: 102–103.

43 Andreß/Krüger/Sedlack, Armut und Lebensstandard, 29 u. ö.

44 Hanesch, Armut und Ungleichheit, 29–31.

45 Lebenslagen, 48.

46 Steingart, Weltkrieg, 2006, 307.

47 www.armutskonferenz.at/reichtum_0304.pdf

48 nach Hradil, Ungleichheit, 144, der dazu Forschungsarbeiten von 1992 und 1932 referiert.

49 Steingart, Deutschland, 29.

50 Geißler, Frage.

51 nach Butterwegge, Krise, 125.127.

52 Steingart, Deutschland, 10–11.

53 Miegel, Gesellschaft, 252.

54 Siegfried Herzog, „Dritter Arbeitsmarkt: Die Magie des Staates". Eigentümlich freie Kommentare zum Zeitgeschehen, Kommentar vom 25. Januar 2007, www.ef-online.de/?p=79.

55 Siehe Frevel, Sozialpolitik, 200-210; Esping-Andersen, Three Worlds; Kaufmann, Varianten; Schmid, Wohlfahrtsstaaten, 82-98.

56 Einige Forscher fügen noch als 4. das südeuropäische Modell wie in Spanien hinzu.

57 z. B. Opielka, Sozialpolitik, 36–37.

58 so z. B. Boeckh, 148–155.

59 Vgl. zu Subsidiarität und Solidarität: Kompendium der Soziallehre der Kirche, 146–156.

60 Kompendium der Soziallehre, Nr. 183.

61 von Borstel, Arbeitsmarkt.

62 alles ebd.

63 Vgl. z. B. Becker/Hauser , Dunkelziffer.

64 Gerechte Teilhabe, Absätze 28 und 30–31.

65 a. a. O., Absätze 29.

66 Focus 4/2007, 18.

67 Gerechte Teilhabe, 51.

68 Lebenslagen in Deutschland, 136.

69 Lebenslagen in Deutschland, 136.

70 Krämer, 98.

71 Klinger/König, 195–196.

72 Butterwegge, Krise, 289; vgl. Opielka, Grundrente in Deutschland, 2004.

73 nach einem Bericht des DIW aus dem Jahr 2006.

74 Steingart, Weltkrieg, 181.

75 Gerechte Teilhabe, 11.

76 Steingart, Weltkrieg, 183.

77 Steingart, Weltkrieg, 178.

78 Steingart, Weltkrieg, 204.

79 Horst Feldmann. „Kapitalismus". Evangelisches Soziallexikon, 2001, 799–800 (Abkürzungen ausgeschrieben). Subsistenzwirtschaft meint eine auf Selbstversorgung ausgerichtete Wirtschaft.

80 alles nach Sachs, Ende, 41–61.

81 Sozialwort des Ökumenischen Rates der Kirchen in Österreich.

82 alles: Lebenslagen in Deutschland, 133–134.

83 Näheres unter www.bawo.at und www.neunerhaus.at/obdachlosig-keit.htm#Definition

84 Belwe, Kinderarmut (Editorial).

85 Holz, Lebenslagen, 4.

86 Holz, „Lebenslagen und Chancen von Kindern in Deutschland"; Holz, Zukunftschancen, 2005.

87 Andreß/Lohmann, Folgen, 7; vgl. Andreß, Liebe.

88 Richard V. Burkhauser u. a. „Wife or Frau, Women Do Worse: A Comparison of Men and Women in the United States and Germany After Marital Dissolution". Demography 28 (1991), 353–360.

89 Andreß/Lohmann, Folgen, 90.

90 Napp-Peters, Armut, 107.

91 Vgl. ausführlicher Schirrmacher, Segen.

92 Wüllenweber, a. a. O.

93 „Armut und Lebensbedingungen".

94 Kessler, „Den Tatsachen ins Auge schauen". S. 28–34 in: Stephan Hebel, Wolfgang Kessler (Hg.). Zukunft sozial: Wegweiser zu mehr Gerechtigkeit. Publik-Forum: Oberursel & Frankfurter Rundschau: Frankfurt, 2004. 28.

95 Gilder, Reichtum und Armut, und ausführlicher George Gilder.
    Men and Marriage. Pelican: Gretna (LA), 1989, frühere Ausgabe:
    Sexual Suicide. Quandrangle: New York, 1973.
96 Gilder, Reichtum und Armut, 93.
97 ebd. 89.
98 John Silber. „Lazarus hinter der Wand". „Die Welt" Nr. 120 vom
    23.5.1992. S. XIII (Geistige Welt).
99 Vgl. Hanesch, Armut, 272–288.
100 Andreß, Rote Zahlen, 146–156.
101 Holz, Lebenslagen, 3–4.
102 Vgl. Opielka, Sozialpolitik, 132–136.
103 Butterwegge, Krise, 171.
104 Friedrich List. Das nationale System der Politischen Oekonomie
    (1841). Friedrich List – Schriften/Reden/Brief Bd. VI. Berlin: Reimar
    Hobbing, 1930. S. 181. Vgl. zu List: Opielka, Sozialpolitik, 2006: 99.
105 Stellungnahme der Bundesregierung, Deutscher Bundestag
    12. Wahlperiode. Drucksache 12/7650 (römische Ziffern), Bonn,
    1994. S. IV–VI.
106 Näheres zum Humanvermögen in Schirrmacher, Segen.
107 Lebenslagen, 121; vgl. auch Hanesch, Armut, 331–389.
108 Erika Feyerabend. „Prekarität des ‚nackten' Lebens". Freitag:
    Die Ost-West-Wochenzeitung vom 8.7.2005, www.freitag.de/2005/
    27/05280901.php und andere Stellen im Internet.
109 Abstract eines Wochenberichtes des DIW von 2005. Vgl. Hanesch,
    Armut, 390–453.
110 besonders Schirrmacher, Multikulturelle Gesellschaft, 39–43.
111 Klinger/König, 200–201.
112 Klinger/König, 200.
113 Siehe Steingart, Weltkrieg, 361–370.
114 Siehe besonders Facius, „Glaubensgetto".

Thomas Schirrmacher

Multikulturelle Gesellschaft –
Chancen und Gefahren

Tb., 12 x 19 cm, 96 S.,
Nr. 394.576,
ISBN 978-3-7751-4576-3

Multikulti gilt einerseits als gescheitert, andererseits ist es längst Alltag in Deutschland. Wem die Zukunft unseres Landes nicht gleichgültig ist, braucht verlässliches Basiswissen über die Lage, über Unterschiede der Kulturen, aber auch positive Perspektiven, wie Christen begeistert in einer multikulturellen Gesellschaft leben können. Ein Weltbürger und Fachmann fasst das Wesentliche zusammen.

Bitte fragen Sie in Ihrer Buchhandlung nach diesem Buch!
Oder schreiben Sie an: Hänssler Verlag GmbH & Co. KG,
D-71087 Holzgerlingen.

Ron Kubsch

***Ess-Störungen –
verstehen und überwinden***

Tb., 12 x 19 cm, 96 S.,
Nr. 394.551, ISBN 978-3-7751-4551-0

Von einer Essstörung ist fast jeder einmal betroffen. Wer nicht
zu den etwa 10 Prozent der Bevölkerung gehört, die im Laufe
ihres Lebens eine Magersucht oder Ess-(Brech-) sucht durch-
machen, wird im Familien-, Freundes- oder Kollegenkreis mit
der Erkrankung konfrontiert. Einer unheimlichen Erkrankung,
die sich weitgehend im Verborgenen vollzieht, Betroffene
gefangen nimmt und bis zur Entstellung ihrer Persönlichkeit
in ihren Bann zieht. Das Buch vermittelt fundiertes Wissen
über die Erscheinungsformen und Hintergründe von Essstö-
rungen. Es zeigt Wege zur Heilung auf.

*Bitte fragen Sie in Ihrer Buchhandlung nach diesem Buch!
Oder schreiben Sie an: Hänssler Verlag GmbH & Co. KG,
D-71087 Holzgerlingen.*